GUDAI HANYU TONGYICI BIANXI

古代汉语同义词辨析

周国光 李向农 著

广东高等教育出版社
· 广州 ·

汉语言文字学

【研究丛书】

图书在版编目（CIP）数据

古代汉语同义词辨析/周国光，李向农编著.—广州：广东高等教育出版社，2009.3（2016.4 重印）
（汉语言文字学研究丛书）
ISBN 978-7-5361-3722-6

Ⅰ.古…　Ⅱ.①周…　②李…　Ⅲ.汉语-同义词-辨析-古代　Ⅳ.H131

中国版本图书馆 CIP 数据核字（2008）第 179402 号

广东高等教育出版社出版发行
（地址：广州市天河区林和西横路）
邮政编码：510500　　电话：（020）87557232
广州市穗彩印务有限公司印刷
890 毫米×1 240 毫米　32 开本　6.5 印张　170 千字
2009 年 3 月第 1 版　2016 年 4 月第 2 次印刷
印数：1 001～2 000 册
定价：23.00 元

目　录

概说 …………………………………………… (1)

指示称代 …………………………………… (1)

　我　吾　余　予 ………………………………… (1)
　尔　女(汝)　若　而　乃 ……………………… (2)
　自　己 …………………………………………… (3)
　谁　孰 …………………………………………… (4)
　辈　等　属　曹　侪　徒　类 ………………… (5)
　此　斯　是　兹 ………………………………… (7)
　彼　夫 …………………………………………… (8)
　何　胡　奚　曷 ………………………………… (9)

人和事物 …………………………………… (10)

　兵　卒　士 ……………………………………… (10)
　敌　仇　寇　虏 ………………………………… (13)
　言　语　辞　词 ………………………………… (15)
　声　音　响　韵 ………………………………… (17)
　车　辇　轩　舆 ………………………………… (18)

国　都　京　城　邑 …………………………（20）
　　宫　室　房　屋　庐　宅　舍　馆　邸　第(弟) ……（23）

时空、程度、范围、数量 …………………………（28）

　　年　岁　载 ………………………………………（28）
　　朝　旦　晨　早　夙　晓　曙 …………………（30）
　　夕　暮　昏　晚 …………………………………（33）
　　昔　往　向　故　旧　前 ………………………（34）
　　中　内　里　间 …………………………………（36）
　　稍　微　少 ………………………………………（38）
　　皆　悉　尽　咸　毕　俱　同　并　共　凡 ……（39）
　　二　两　再 ………………………………………（42）

心理活动变化 ………………………………………（45）

　　知　识　通　晓　悟　解　谕(喻) ……………（45）
　　计　虑　图　谋 …………………………………（47）
　　怀　念　思　想 …………………………………（49）
　　欲　愿　希　冀　思　想 ………………………（51）
　　度　料　测　意　虞 ……………………………（52）
　　爱　怜　喜　好　幸　宠 ………………………（53）
　　欢　喜　乐　悦(说)　快 ………………………（55）
　　戚　悽　怆　伤　哀　悲　痛　悼 ……………（59）
　　恐　惧　畏 ………………………………………（61）

头部、上肢动作 ……………………………………（63）

视　看　见　睹（觏）　察　相　顾
瞻　观　览　望　眺　盼　窥　觇　睨 …………（63）
听　闻　聆 ………………………………………（68）
食　餐（飡）　啖（啗、噉）　喫 ……………（70）
言　曰　云　语　谓　诉　述　说 ……………（72）
问　叩　讯　诘　质　询　访　咨（諮） ……（74）
对　应　答　复 …………………………………（76）
诋　毁　诽　谤　诬　谗 ………………………（77）
持　执　把　操　秉　捉　握　援 ……………（80）
投　掷　提 ………………………………………（83）

行走　起居 ………………………………………（84）

行　步　趋　走　奔 ……………………………（84）
渡　涉　济 ………………………………………（86）
之　适　如　往　赴　去 ………………………（87）
抵　到　及　至　达 ……………………………（91）
停　留　淹　滞　止　泊 ………………………（93）
居　住　寓　宿　舍　栖 ………………………（94）
寐　睡　眠　寝　卧 ……………………………（96）
寤（悟）　觉　醒 ………………………………（98）
薨　崩　卒　死　没　终　丧　毙 ……………（99）

社会活动 ································· (101)

见 朝 拜 谒 召 ······················· (101)
辞 谢 别 离 诀(决、决) ············· (104)
予 与 畀 付 授 赋 给 ················ (106)
赠 贻 馈(餽) 遗 赂 赍 ·············· (109)
贡 献 进 奉 供(共) 纳(内) ········· (112)
受 承 奉 纳(内) ··················· (114)
赏 赐 赉 封 ························ (116)
惩 罚 治 ·························· (119)
拜 授 除 ·························· (120)
拔 擢 陟 升(陞) 迁 ················· (121)
罢 免 黜(绌) 斥 ··················· (122)
荐 举 推 进 ······················· (124)
背(倍、北) 叛(畔) ················· (125)
率(帅) 领 将 统 引 以 ············· (126)
征 伐 讨 诛 攻 袭 侵 犯 寇 ········ (128)
拒(距) 御 敌 ····················· (131)
擒(禽) 执 逮 捕 缉 捉 ············· (132)
杀 戕 戮 诛 弑 斩 刃 刺 ··········· (134)
仿(倣) 效(傚) 学 法 则 摹 拟 ······ (136)
陈 列 罗 布 设 置 施 ··············· (138)
树 艺 种 植 ······················· (141)

藏(臧) 贮 储 蓄(畜) ………………………… (142)

选 择 取 拣 ……………………………………… (144)

寻 觅 搜(廋、蒐) 索 探 求 ……………… (145)

盗 窃 攘 偷 ……………………………………… (147)

养 育 保 抚 畜 ………………………………… (149)

变化 终止 ………………………………………… (151)

终 罢 毕 竟 讫 成 就 ……………………… (151)

开 辟 启 发 ……………………………………… (154)

关 闭 掩 阖 ……………………………………… (156)

增(曾) 加 益 补 裨 重 ……………………… (158)

减 损 少 省 节 削 …………………………… (160)

传 流 扬 播 布 宣 垂 ……………………… (161)

聚 集 积 累 会 合 收 敛 纂 ……………… (163)

改 革 更 易 变 化 …………………………… (166)

音序索引 ……………………………………………… (169)

概　　说

同现代汉语相比,古代汉语有着自身的特点。这些特点不但体现在语法上,而且也体现在词汇上。而作为古代汉语词汇中的一种现象,古代汉语同义词也有着与现代汉语同义词互相区别的自身特点。

一、古代汉语同义词的特点

古代汉语同义词的特点之一就是以单音节同义词群为主。这一特点是同整个古代汉语词汇系统的特点相一致的。同现代汉语词汇相比,古代汉语词汇的特点之一就是单音词占优势。尤其是从运用上来看,单音词在古代汉语中的使用更是占绝对优势。作为古代汉语词汇中的一种现象,古代汉语同义词也大都由单音词聚合而成。根据古代汉语同义词的这一特点,本书讨论分析的基本上都是由单音词聚合而成的同义词。

古代汉语同义词的另一特点是同义关系反映在文字形式上。词具有意义、形式、结构、功能四方面的因素。词的意义同词的形式、结构、功能都有一定的联系,因而同义词之间的同义关系往往在形式、结构、功能上也有一定的反映和表现。现代汉语同义词的特点之一,就是同义关系与词的结构关系很密切,即现代汉语同义词往往具有相同的词素和相同的结构。例如"矗立"、"耸立"、"屹立"、"挺立";"改进"、"改善"、"改正";"边境"、"边疆"、"边陲";"辽阔"、"宽阔"、"广阔";等等。而在古代汉语同义词中,由于以单音节同义词群为主,因而同义词之间的同义关系一般也就不反映在词的结构上,却在词的文字形式上有一定的表现。词的书面形式是文字。汉字是音节文字,一个字一个音节,单音节汉字同古代汉语词汇的单音词优势是相适应的，一个汉字记录的一般就是一个词。汉字又具有表意性，即汉字的形体同意义有较密切的联系。正是由于汉字具有这样的特点，所以古代汉语同义词之间的同义关系在词的书面形式——汉字形体上有一定反映，即同义同形旁（意符）。形旁相同的字所记录的词一般都具有意义上的联系。当这种意义上的联系缩小到同一义类之中，并且差别又相当微小时，往往就形成同义关系。下面是一些例子：

汰 淅 滤 淘 （水旁）
悽 怆 悲 悼 （心旁）
车 轩 辇 （车旁）
倡 优 伶 俳 （人旁）
音 韵 响 （音旁）
聽 闻 聆 （耳旁）
宫 室 （宀旁）
言 语 谓 （言旁）
操 把 持 握 捉 （手旁）
颠 顶 （页旁）
山 峰 峦 岭 嶽 嶂 （山旁）

除了文字形体上的联系以外，古代汉语同义词之间的同义关系在语音上也有一定反映，即语音相近，如声母相同、韵部相同等等。不过，由于古今语音变化较大，古代汉语同义词在语音上的联系今天已经不大容易看出来了。

同现代汉语同义词相比较，古代汉语同义词之间的同义关系要相对潜在一些。同义关系反映在文字形式上这一情况也只存在于部分同义词之中。古代汉语同义词主要是通过词语在语言运用中的情况及其显现的意义来确定的。例如"声"、"音"、"响"、"韵"四个词，它们在文字形式上有一定联系（"音"、"響"、"韻"同旁，"聲"是耳旁），但要确定它们是否为同义词，还要看它们在具体语言中的运用情况。例如：

抚节悲歌，声震林木，响遏行云。（《列子·汤问》）

喈喈逐黄鸟之声，喓喓学草虫之韵。（《文心雕龙·物色》）

其声呜呜然，如怨如慕，如泣如诉，余音袅袅，不绝如缕。（苏轼《前赤壁赋》）

得双石于潭上，扣而聆之，南声函胡，北音清越，枹止响腾，余韵徐歇。（苏轼《石钟山记》）

通过考察上述四个词在具体语言中运用的情况及其意义的显现，我们可以据此来确定其间的同义关系。

古代汉语同义词最大的一个特点，就是同义关系复杂。

现代汉语的历史还不到百年，而古代汉语却有近三千年的历史。因此，同现代汉语同义词相比较，古代汉语同义词之间的同义关系也就复杂得多。

如果就历史上某一时期而言，古代汉语同义词之间的同义关系也许并不很复杂。但是，经过漫长的历史演变和发展，古代汉语已积淀为一个整体，这就使得古代汉语同义词的情况大为复杂了。古代汉语同义词不仅涉及历史上的同一时期，而且也涉及历史上的不同时期；不但涉及词的本义，而且也涉及词的引申义。具体分析起来，古代汉语同义词大致可分为以下两大类：根据构成同义关系的历史时期来分，可以把古代汉语同义词分为共时同义词和异时同义词；根据构成同义关系的义项来分，可以把古代汉语同义词分为同位同义词和异位同义词。两者之间有密切的联系，但并不完全等同。下面分别加以叙述。

（一）共时同义词和异时同义词

古代汉语的发展史大致可分为上古时期、中古时期和近代时期（请参见王力先生《汉语史稿》上册，32～35 页）。古代汉语同义词虽然只是古代汉语词汇中的一部分，并且有着自身的特点，但其变化发展的历史基本上也可大致分为上述三个阶段。

共时同义词就是在同一个历史时期构成同义关系的同义词。例如"徂"、"适"、"之"、"如"、"往"是一组同义词，这组同义词在上古时期都表示"前往、到达"的意思。例如：

徂：自我徂尔，三岁食贫。(《诗经·卫风·氓》)
　　我徂东山，慆慆不归。(《诗经·豳风·东山》)
适：逝将去汝，适彼乐土。(《诗经·魏风·硕鼠》)
　　虽使五尺之童适市，莫之或欺。(《孟子·滕文公上》)
之：有为神农之言者许行，自楚之滕。(《孟子·滕文公上》)
　　子夏之晋过卫。(《吕氏春秋·察传》)
如：文公如齐，惠公如秦。(《左传·成公十三年》)
　　二子求公不获，遂如河上。(《国语·晋语四》)
往：昔我往矣，杨柳依依。(《诗经·小雅·采薇》)
　　孟献伯拜上卿，叔向往贺。(《韩非子·外储说左下》)

中古以后，在表示"前往、到达"意义时，"徂"使用得就很少了；"之"、"如"、"适"的基本意义和功能也有了较大的变化，只有"往"还较常表达这一意义。它们自中古以后就不再保持上古时期的同义关系了。

异时同义词就是在不同的历史时期构成同义关系的同义词。例如"去"，上古时期的意义是"离开（某处）"，同"之"、"适"的意义恰好相对。例如：

陈轸去楚之秦。(《战国策·秦策一》)
孔子去鲁适宋。(《史记·孔子世家》)
阳虎去齐走赵。(《韩非子·外储说左下》)

中古以后，"去"已经有了"到（某处）去"的意思，这样就同"之"、"适"构成了异时同义词。例如：

一为过客去长沙，西望长安不见家。(李白《与史郎中钦听黄鹤楼上吹笛》)
语竟，引别东去。(李朝威《柳毅传》)
某骑而前去，当令返乘，便与郎偕来。(白行简《李娃传》)
去京口，挟匕首以备不测。(文天祥《指南录后序》)

（二）同位同义词和异位同义词

同义词是以词与词之间的某一意义相同而构成同义关系的。多义词的意义是由若干义项组成的。这些义项在多义词的意义中并不是处于相同的位置上，有的义项是词的本义（初义），有的义项则是引申义（后起义）。同位同义词和异位同义词就是根据构成同义关系的意义在词的意义中所占据的位置而划分的。

同位同义词就是词与词以处于相同位置上的义项的语义相同为条件构成的同义词。同位同义词又可分为两类，一类是以本义相同为条件构成的同位同义词，一类是以引申义相同为条件构成的同义词。

以本义相同为条件构成的同位同义词可以"宫"、"室"为例来说明。"宫"、"室"的本义都是指"穴室"，后来指人住的一般房屋。例如：

宫：父母妻子，皆同其宫。（《墨子·号令》）
　　父母闻之，清宫除道，张乐设饮，郊迎三十里。（《战国策·秦策一》）
室：嗟我妇子，曰为改岁，入此室处。（《诗经·豳风·七月》）
　　为巨室，则必使工师求大木。（《孟子·梁惠王下》）

后来，"宫"用来指称帝王居住的地方，"室"则用来指"内室"、"家室"，它们的引申义就不再构成同义关系了。

以引申义相同为条件构成同义关系的同位同义词可以"兵"、"士"、"卒"为例。

"兵"的本义是"兵器"。例如：

擐甲执兵，固即死也。（《左传·成公二年》）
大叔完聚，缮甲兵，具卒乘。（《左传·隐公元年》）

后引申指"士兵"。例如：

不谷不烦一兵，不伤一人，而得商于之地六百里。（《战国策·秦策二》）
帝王之兵，所用者不过三万，而天下服矣。（《战国策·秦策三》）

"士"的本义是"男子"。例如：

女也不爽，士贰其行。(《诗经·卫风·氓》)

唯士与女，伊其相谑，赠之以芍药。(《诗经·郑风·溱洧》)

后来也引申指"士兵"。例如：

将战，华元杀羊食士。(《左传·宣公二年》)

车错毂兮短兵接，矢交坠兮士争先。(《楚辞·九歌·国殇》)

"卒"的本义指古代穿染色衣服的奴隶（依新版《辞源》），后来也引申指"士兵"。例如：

训卒利兵。(《左传·文公七年》)

汤武之卒，不过三千人。(《战国策·赵策二》)

由上可见，"兵"、"士"、"卒"三个词的本义本不相同，但当它们都引申出"士兵"之义以后，它们就以引申义相同为条件构成同义词了。

以本义与引申义相同为条件构成的异位同义词可以"面"、"脸"为例。

"面"的本义就是指脸面，并且后来也一直在使用。例如：

有复言令长安君为质者，老妇必唾其面。(《战国策·赵策四》)

千呼万唤始出来，犹抱琵琶半遮面。(白居易《琵琶行》)

尘满面，鬓如霜。(苏轼《江城子》)

"脸"本来指眼睛下边、鼻子两侧的部位，所以有"两脸"、"双脸"的说法。例如：

头圆筋骨紧，两脸明且光。(杜牧《冬至日寄小侄阿宜》)

明镜照新妆，鬓轻双脸长。(温庭筠《菩萨蛮》)

元是今朝斗草胜，笑从双脸生。(晏殊《破阵子》)

后来"脸"的词义引申指整个面部，就和"面"同义了。

上面我们就几种类型的古代汉语同义词分别叙述，实际上情况却是错综复杂的，有时一组古代汉语同义词兼有上述几种情况，这也正是古代汉语同义词同义关系复杂的具体表现。

二、古代汉语同义词的辨析

从实际应用的角度来说，辨析古代汉语同义词的主要目的，就是让我们系统地掌握古代汉语词汇，准确地理解词语的意义，提高阅读和理解古代汉语的能力。

古代汉语同义词可以从以下几个方面进行辨析：

（一）构成同义关系的条件

这里所说的构成同义关系的条件，主要指时代条件和义项对应条件。由于古代汉语同义词的关系涉及不同的时代和词的不同义项，所以一组同义词中可能既含有共时同义词和异时同义词，也含有同位同义词和异位同义词。因此，辨析一组古代汉语同义词应该首先认清它们构成同义关系的条件。从这方面进行辨析，可以较清晰地观察到词在不同时期的意义变化和意义上的对应情况。关于这一点，可以参看前面的叙述和举例。这里从略。

（二）词义概括的范围

在一组同义词中，有的词的意义概括的范围较大，有的则较小。例如"车"、"舆"、"轩"、"辇"这组同义词，其中"车"、"舆"概括的范围较大，可以泛指所有的车子。例如：

车同轨，书同文。（《史记·秦始皇本纪》）

马骇舆，则君子不安舆。（《荀子·王制》）

"轩"则指较华美的乘车。例如：

今有人于此，舍其文轩，邻有敝舆而欲窃之。（《墨子·公输》）

"辇"原指人力推挽的车子，例如：

我任我辇，我车我牛。（《诗经·小雅·黍苗》）

秦破赵，迁卓氏之蜀，夫妻推辇行。（《汉书·货殖列传》）

后来专指帝王、王后乘坐的车子。例如：

天子乃御玉辇，荫华盖。（潘岳《藉田赋》）

昭阳殿里第一人，同辇随君侍君侧。（杜甫《哀江头》）

王入朝太后还，乘辇欲归温室。（《汉书·霍光传》）

(三) 词语适用的义域

这里所说的义域，就是词语依其意义所适用的范围。同义词之间的区别，也表现在义域的大小上。

例如"杀"、"弑"、"诛"、"戮"这一组同义词，其中"杀"的义域较大，可以用于上杀下，也可以用于下杀上；而"弑"则一般只用于下杀上（臣杀君，子杀父母）；"诛"、"戮"则一般用于斩杀（罪人，犯人）。

词的义域的大小，也表现在词的组合搭配能力上。如果词的义域较大，那么其组合搭配能力就较强，反之则较弱。例如"美"、"丽"、"佳"是一组同义词。三者之中，"美"的义域较大，其组合搭配能力也较强，可以和较多的名词组合搭配，如：美竹、美石、美田、美酒、美言、美谈、美德、美行、美人、美女等等。而"佳"、"丽"的义域较小，同名词的组合搭配就限制在一定的范围，如：佳人、佳期、佳日、佳木；丽人、丽日、丽宫、丽辞等，不如"美"那样广泛。

(四) 词语概括对象的特点

有的同义词虽然表示同一类意义，但各自概括的对象的特点却有区别。例如，"攻"、"伐"、"侵"、"袭"、"征"、"讨"、"诛"、"寇"、"犯"这一组同义词，它们的意义都表示"用军事力量进攻"这一类行为，但各自所表示的行为的特点却不同。"攻"多指"强攻"、"攻坚"（多指攻城）；"伐"是公开宣战的进攻；"侵"是不宣而战的进攻；"袭"是偷袭；"征"表示天子对诸侯的进攻或正义的一方对非正义一方的进攻；"诛"、"讨"表示对叛乱者或暴君的进攻；"寇"、"犯"则表示敌人对己方的进攻。由于它们各有自己意义上的特点，所以在使用上也是相互区别的。尤其在上古时期，这些区别是比较明显的。

(五) 词语的语法功能

古代汉语同义词之间的区别也表现在它们的语法功能上。例如"尔"、"女（汝）"、"若"、"而"、"乃"是一组同义词，它们都是第二人称代词，但它们的语法功能却有较严格的区别。"尔"、"女（汝）"、"若"可以作句子中的主语、宾语、定语和兼语，"而"、"乃"一般只作定语，偶尔作主语。这种语法功能上的区别一直保持到近代。例如：

若善守汝国，我顾且盗而城！（《史记·张仪列传》）

与尔三矢，尔其无忘乃父之志！（《新五代史·伶官传序》）

同一句中，定语用"而"、"乃"，主语、宾语用"若"、"尔"，由此可以看出二者的区别。

再如"耻"、"辱"这对同义词，它们都可以做"定—中"结构中的中心成分和"述—宾"结构中的宾语成分。这是它们功能的相同之处。但当它们作"述—宾"结构中的述语成分时，它们的用法和意义就有了区别。"耻"做述语成分时一般为意动用法，意为"认为可耻"或"感到可耻"。例如：

敏而好学，不耻下问。（《论语·公冶长》）

子胥耻其计谋不用。（《史记·伍子胥列传》）

自古而耻之。（司马迁《报任安书》）——之：指宦官。

"辱"作"述—宾"结构中的述语成分时，多为使动用法或一般及物用法，意为"使（让）……受辱"或"侮辱"。例如：

使于四方，不辱君命，可谓士矣。（《论语·子路》）

太上不辱先，其次不辱身。（司马迁《报任安书》）

忿恚尉，令辱之，以激怒其众。（《史记·陈涉世家》）

此壮士也，方辱我时，我宁不能杀之邪？杀之无名，故忍而就于此。（《史记·淮阴侯列传》）

（六）词义的轻重

同义词之间的区别还表现在词义轻重的不同上。这种不同主要从以下几个方面来显示：词义所表示的对待事物的态度和感情的程度不一样，词义所表示的性质的程度不一样，词义所表示的动作行为的程度不一样。例如：

"敌"、"寇"、"仇"、"虏"这一组同义词都表示"敌人"，其中

"敌"的词义较轻，感情色彩不太强烈；"寇"的感情色彩比"敌"略强一些，多指侵犯的敌人；"仇"的感情色彩较为强烈，指的是"仇敌"，成语有"疾恶如仇"；"虏"的感情色彩最强烈，多用于指称自己所痛恨、鄙视的敌人。例如：

今丑虏则犬豕也。(胡铨《戊午上高宗封事》)

壮志饥餐胡虏肉，笑谈渴饮匈奴血。(岳飞《满江红》)

"佳"、"丽"、"美"是一组表示性质的同义词，它们都可以表示"漂亮"、"美好"的意思。三者之中，"佳"一般多表示较抽象的美好，程度稍轻；"丽"侧重于表示外形、容貌的漂亮，程度重一些；而"美"则比"丽"又稍重一些，例如：

秦女绝美，王可自取。(《史记·伍子胥列传》)

燕赵多佳人，美者颜如玉。(《古诗十九首》)

天下之佳人莫若楚国，楚国之丽者莫若臣里，臣里之美者莫若臣东家之子。(宋玉《登徒子好色赋》)

"辞"、"谢"、"别"、"诀（决）"是一组表示行为的同义词，都表示"告别"、"分别"之意。其中"辞"多表示一般的"辞别"，词义较轻；"谢"表示较恭敬、珍重的告别，词义稍重；"别"多表示较凄凉的分别；"诀"则多表示长别或生死之别，程度最重。例如：

公子与侯生决（诀）。至军，侯生果北向自刭。(《史记·魏公子列传》)

陵泣下数行，因与武决（诀）。(《汉书·李广苏建传》)

沥泣共诀，抆血相视。(江淹《别赋》)

（七）词义的对立和联系

词的意义都处于相互联系和对立之中。在一个词的内部，词的本义和引申义相互联系；在词与词之间，一个词义又与一定的意义相对立。同义词之间的区别，也表现在词义的相互联系和对立上。

例如"馈（餽）"、"赠"、"贻"这一组同义词都表示"赠送"之意，但"馈"的本义是把食物送给别人，引申为"赠送"之意，以后也多用于赠送食物;"赠"的本义是把好玩之物送给别人,引申为"赠送"之意,以后也多用于赠送珍玩贵重之物,但使用范围要比"馈"大;"贻"的本义同"赠"相同,但含有"赠给并使之保留"之意,所以后又引申出"遗留"之意,如"贻训"、"贻羞"。从词义的对立上来看,"赠"同"报"(回赠)相对,例如张衡《四愁诗》:"美人赠我金错刀,何以报之英琼瑶。"而"馈"由于侧重于表示赠送食物,"贻"含有让对方保留之意,所以一般不同"报"相对。由此也可以看出它们的语义特点和范围的广狭。

以上我们是从几个方面分别来谈的。但由于古代汉语同义词的复杂性,实际应用上,一组同义词的辨析可能同时涉及几个方面。所以,要根据具体情况从不同角度、不同侧面进行辨析。

三、有关的说明

了解和掌握古代汉语同义词,对于提高古代汉语的阅读理解能力,了解古代汉语词汇同现代汉语词汇之间的联系,都是很有帮助的。为此,我们编写了这本《古代汉语同义词辨析》,希望能够为广大读者了解、学习古代汉语同义词提供一点微薄的帮助。

本书收入较为常见的古代汉语同义词近百组。书中的有些条目是类义词,如"国、都、京、城、邑","行、步、走、趋、奔"等。本书收入的类义词在古代汉语作品中一般都有一些交叉现象,而且也较为常见。对于这些常见的类义词,指出其专指、泛指的用法和词义在运用中的变化,对于阅读古代汉语作品是有一定帮助的。

本书每一词条的内容大致如下:释义;例释;辨析。书中例句的出处一律标注作者名、篇名,或者标注书名、篇名。例如:《史记·项羽本纪》、苏轼《石钟山记》。

本书的词条按语义分类编排。词条的编排顺序详见书前的目录。书后附有"音序索引"。"音序索引"中对出现在几个不同的词条中的词,按其在书中出现的先后顺序依次标明页码。

指示称代

我 吾 余 予

这一组词都是第一人称代词。它们指代的对象都是说话人本人或说话人所在的一方,意为"我"、"我们"。例如:

(1) 三人行,必有我师焉。(《论语·述而》)

(2) 我非爱其财而易之以羊也,宜乎百姓之谓我爱也。(《孟子·梁惠王上》)

(3) 吾日三省吾身。(《论语·学而》)

(4) 老吾老,以及人之老,幼吾幼,以及人之幼。(《孟子·梁惠王上》)

(5) 余收尔骨焉。(《左传·僖公三十二年》)

(6) 郦元之所见闻,殆与余同,而言之不详。(苏轼《石钟山记》)

(7) 王如用予,则岂徒齐民安?天下之民举安。(《孟子·公孙丑下》)——举:全。

(8) 众谓予一行为可以纾祸。国事至此,予不得爱身。(文天祥《指南录后序》)

【辨析】

一、在指代对象上,"余","予"一般只用于单数第一人称,而"我"、"吾"还可以用为复数第一人称,意为"我们"。例如:

(9) 十年春,齐师伐我。(《左传·庄公十年》)

(10) 敌人远我,欲以火器困我也。急逐弗失!(《清稗类钞·冯婉贞胜英人于谢庄》)

成语有"人不犯我,我不犯人"。

(11) 我张吾三军而被吾甲兵。(《左传·桓公六年》)

(12) 夺项王天下者必沛公也。吾属今为之虏矣!(《史记·项羽本纪》)

二、在语法功能上,"吾"同"我"、"余"、"予"略有差别。在上古汉语中,"吾"很少作宾语。下面两个例子较典型:

(13) 子墨子亦曰:"吾知子之所以距我,吾不言。"(《墨子·公输》)

(14) 今者吾丧我。(《庄子·齐物论》)

上两例中,同一句话里,主语用"吾",宾语用"我"。只有在否定句中,"吾"才可以作动词或介词的宾语,但一般要放在动词或介词的前面。例如:

(15) 我胜若,若不吾胜。(《庄子·齐物论》)——若:你。

(16) 以吾一日长乎尔,毋吾以也。居则曰:"不吾知也!"如或知尔,则何以哉?(《论语·先进》)

三、古时人们自称时,往往用谦称,尤其是在较正式的场合和外交场合。男性的谦称一般有"臣"、"仆"、"愚"、"小人",女性的谦称一般为"妾"。帝王自称时用"朕"(秦以后),谦称时用"寡人"、"孤"、"不谷"。

尔 女(汝) 若 而 乃

这一组词都是第二人称代词,它们指代的对象是听话人,相当于现代汉语的"你"、"你们"。例如:

(1) 尔何知!中寿,尔墓之木拱矣!(《左传·僖公三十二年》)

(2) 以吾一日长乎尔,毋吾以也。(《论语·先进》)

(3) 子谓子贡曰:"女与回也孰愈?"(《论语·公冶长》)——回:颜回。愈:好,贤。

(4) 汝罪宜死。今姑贷汝。(高启《书博鸡者事》)

(5) 若为佣耕,何富贵也?(《史记·陈涉世家》)
(6) 不者,若属皆且为所虏。(《史记·项羽本纪》)
(7) 余,而所嫁妇人之父也。(《左传·宣公十五年》)
(8) 妪每谓余曰:"某所,而母立于兹。"(归有光《项脊轩志》)
(9) 王师北定中原日,家祭无忘告乃翁。(陆游《示儿》)

【辨析】

这一组词在语法功能上有较严格的区别。可以将它们分为两类:一类是"尔"、"女(汝)"、"若",可以作句子中的主语、宾语、定语和兼语成分;另一类是"而"、"乃",一般只作句子中的定语,偶尔作主语,极少作宾语或兼语成分。下面几个例子很能说明问题:

(10) 与尔三矢,尔其无忘乃父之志!(《新五代史·伶官传序》)
(11) 若欲死而父,即前斗。(高启《书博鸡者事》)
(12) 业根,死期至矣!而翁归,自与汝复算耳!(《聊斋志异·促织》)
(13) 张仪既相秦,为文檄告楚相曰:"始吾从若饮,我不盗而璧,若笞我。若善守汝国,我顾且盗而城!"(《史记·张仪列传》)

这一组代词一般多用于平时较随便的场合,或者用于上对下说话时,在比较正式的场合,称呼对方一般要用敬称。常用的敬称有"子"、"君"、"先生"、"足下"、"卿"等等。其中"卿"也可以用于称呼女性。

自 己

"自"和"己"都是不定人称代词,指代的对象都是"自己",同"别人"或"对方"相对而言。例如:

(1) 明日,徐公来,孰视之,自以为不如;窥镜而自视,又弗如远甚。(《战国策·齐策一》)
(2) 自言本是京城女,家在虾蟆陵下住。(白居易《琵琶行》)
(3) 君子博学而日参省乎己,则知明而行无过矣。(《荀子·劝

学》)

(4) 己所不欲，勿施于人。(《论语·颜渊》)

【辨析】

一、"己"可以同"人"(别人、其他人)相对而言，也可以同"彼"(对方)相对而言。在同"彼"相对而言时，虽然也是指代自己，但含有"我方"的意味。而"自"一般只同"人"相对，不同"彼"相对。例如：

(5) 知己知彼，百战不殆，不知彼而知己，一胜一负；不知己，不知彼，每战必殆。(《孙子·谋攻》)

(6) 人一能之，己百之；人十能之，己千之。果能此道矣，虽愚必明，虽柔必强。(《礼记·中庸》)

(7) 自以为无患，与人无争也。(《战国策·楚策四》)

二、"己"可以修饰名词，表示人对事物的领属，"自"很少这种用法。例如：

(8) 因出己虫，纳比笼中。(《聊斋志异·促织》)

(9) 士不可不弘毅，任重而道远。仁以为己任，不亦重乎？死而后已，不亦远乎？(《论语·泰伯》)

三、"自"、"己"都可以作动词的受事成分，但"自"作动词的受事成分时，一律放在动词的前面，"己"则可前可后。例如：

(10) 陈胜自立为将军。(《史记·陈涉世家》)

(11) 知不足然后能自反也，知困然后能自强也。(《礼记·学记》)

(12) 不患人不己知，患不知人也。(《论语·学而》)

(13) 不以物喜，不以己悲。(范仲淹《岳阳楼记》)

在例(13)中，"己"作介词"以"的宾语。

谁　孰

"谁"、"孰"都是疑问指示代词，它们可以指代不确定的人，意为"哪一个"、"什么人"。例如：

(1) 其若是，孰能御之？（《孟子·梁惠王上》）
(2) 人非生而知之者，孰能无惑？（韩愈《师说》）
(3) 且行千里，其谁不知？（《左传·僖公三十二年》）
(4) 翩翩两骑来是谁？（白居易《卖炭翁》）

【辨析】

一、在指代功能上，"谁"一般限于指人，而"孰"还可以指代事物。例如：

(5) 礼与食孰重？（《孟子·告子下》）
(6) 脍炙与羊枣孰美？（《孟子·尽心下》）

成语有"是可忍，孰不可忍"。

二、"孰"常用于选择问句，含有比较的意思。"谁"用于选择问句的情况不如"孰"普遍。例如：

(7) 吾与徐公孰美？（《战国策·齐策一》）
(8) 吾子与子路孰贤？（《孟子·公孙丑上》）

三、"谁"的语法功能较为多样，可以作主语［例（3）］、宾语［例（4）］，还可以作谓语、定语。例如：

(9) 是谁之过与？（《论语·季氏》）
(10) 莫愁前路无知己，天下谁人不识君！（高适《别董大》）
(11) 微斯人，吾谁与归？（范仲淹《岳阳楼记》）——"吾"作介词"与"的宾语。
(12) 作亭者谁？山之僧智仙也。名之者谁？太守自谓也。（欧阳修《醉翁亭记》）

"孰"在句中一般只作主语成分，很少作其他成分。

"谁"在古代汉语中可以单独作谓语，作宾语时可以放在动词或介词的前面，这些同"谁"在现代汉语中的用法不同。

辈 等 属 曹 侪 徒 类

这一组词都可以附加在名词或代词后面表示"群体"或"多数"

的意思，意为"某些或某类人和事物"。

"辈"、"等"、"属"可以表示人，也可以表示事物。例如：

（1）吾非固欲负汝，天生汝辈，固需吾辈食也。（马中锡《中山狼传》）

（2）欲验之，但取芦菔、地黄辈观。（《梦溪笔谈·药议》）

（3）臣等不肖，请辞去。（《史记·廉颇蔺相如列传》）

（4）每一字皆有数印，如"之""也"等字。（《梦溪笔谈·技艺》）

（5）夺项王天下者必沛公也。吾属今为之虏矣。（《史记·项羽本纪》）

（6）土地平旷，屋舍俨然，有良田美池桑竹之属。（陶渊明《桃花源记》）

"曹"、"侪"、"徒"一般多用来表示人。例如：

（7）尔曹身与名俱灭，不废江河万古流。（杜甫《戏为六绝句》）

（8）欲使汝曹不忘之耳。（《后汉书·马援传》）

（9）吾侪何知焉？（《左传·昭公二十四年》）

（10）此故吾侪同说书者也，今富贵若此！（黄宗羲《柳敬亭传》）

（11）楚有宋玉、唐勒、景差之徒者，皆好辞而以赋见称。（《史记·屈原贾生列传》）

（12）郯子之徒，其贤不及孔子。（韩愈《师说》）

"类"一般只用来指事物，例如：

（13）其上以松脂、蜡和纸灰之类冒之。（《梦溪笔谈·技艺》）

【辨析】

一、在这一组词中，"辈"、"属"、"徒"、"类"的独立性较强，可以做中心成分，有"之辈"、"之属"、"之徒"、"之类"的说法，"曹"、"侪"、"等"一般都没有这种用法。

二、"等"、"属"、"徒"、"类"有表示列举的用法，"曹"、

"侪"一般不用于列举。例如：

（14）于是六国之士，有宁越、徐尚、苏秦、杜赫之属为之谋，齐明、周最、陈轸、召滑、楼缓、翟景、苏厉、乐毅之徒通其意。（贾谊《过秦论上》）

（15）沛公……与樊哙、夏侯婴、靳强、纪信等四人持剑盾步走。（《史记·项羽本纪》）

三、这几个词中，"曹"、"徒"有时有贬义用法，其余的多为中性。例如：

（16）贪得伪诈之曹远矣。（《吕氏春秋·知度》）

（17）然陈涉……甿隶之人，而迁徙之徒也。（贾谊《过秦论上》）

此 斯 是 兹

这一组词都是表示近指的指示代词，同表示远指的指示代词"彼"、"夫"相对。约相当于现代汉语中的"这"、"这些"。例如：

（1）孟尝君怪之，曰："此谁也?"（《战国策·齐策四》）

（2）今世之主法先王之法也，有似于此。（《吕氏春秋·察今》）

（3）是故燕虽小而国后亡，斯用兵之效也。（苏洵《六国论》）

（4）登斯楼也，则有心旷神怡，……其喜洋洋者矣。（范仲淹《岳阳楼记》）

（5）自吾三世居是乡，积于今六十岁矣。（柳宗元《捕蛇者说》）

（6）岂若吾乡邻之旦旦有是哉！（柳宗元《捕蛇者说》）

（7）登兹楼以四望兮，聊暇日以销忧。（王粲《登楼赋》）

（8）某所，而母立于兹。（归有光《项脊轩志》）

这一组词还可以指代行为、状态、程度等，相当于现代汉语中的"这样"、"这种程度"等。例如：

（9）先生坐！何至于此！（《战国策·魏策四》）

（10）求剑若此，不亦惑乎！（《吕氏春秋·察今》）

（11）唐雎对曰："否，非若是也。"（《战国策·魏策四》）

（12）往借，不与，归而形诸梦。其切如是。（袁枚《黄生借书说》）

（13）子非三闾大夫与？何故至于斯？（《楚辞·渔父》）

【辨析】

一、这一组词在指示功能上没有太大的区别，只是在指代"人"时，"此"、"是"使用较多。例如：

（14）侍中、尚书、长史、参军，此悉贞良死节之臣。（诸葛亮《出师表》）

（15）此劲敌也。（《清稗类钞·冯婉贞胜英人于谢庄》）

（16）是当为河伯妇。（《史记·滑稽列传》）

相比之下，"斯"、"兹"多用于指示，较少用于指代人物。

二、从语法功能来看，"此"、"斯"、"是"都可以作主语、定语、宾语，而"兹"多作定语、宾语，较少作主语。

彼　夫

"彼"、"夫"都是表示远指的指示代词，同表示近指的指示代词"此"、"是"等相对，约相当于现代汉语中的"那"、"那些"。例如：

（1）不以夫一害此一，谓之壹。（《荀子·解蔽》）——不因为那一方面而损害这一方面，（这）就叫做专一。

（2）故为之说，以俟夫观人风者得焉。（柳宗元《捕蛇者说》）

（3）彼君子兮，不素餐兮。（《诗经·魏风·伐檀》）

（4）彼一时，此一时也。（《孟子·公孙丑上》）

【辨析】

一、在指示功能上，"彼"的指示性要强一些，译成现代汉语时一般要译出。例如：

（5）彼童子之师，授之书而习其句读者，非吾所谓传其道解其惑者也。(韩愈《师说》)——那些(教)童子们的老师……

相比较而言,"夫"的指示性要弱一些,有时只是调节句子的语气,译成现代汉语时也不一定译出。例如:

(6) 予观夫巴陵胜状,在洞庭一湖。(范仲淹《岳阳楼记》)
(7) 且鄙人虽愚,独不知夫狼乎?(马中锡《中山狼传》)
(8) 好逸恶劳,亦犹夫人之情也。(黄宗羲《原君》)

二、"彼"可以指代处所,相当于现代汉语中的"那儿"、"那里"。"夫"一般没有这种指代功能。例如:

(9) 卿老母在彼,可去。(《三国志·魏志·武帝纪》)
(10) 但此土彼石耳。(《梦溪笔谈·杂志》)

三、在语法功能上,二者也有差别。"夫"一般只做修饰成分,在句子中常作定语,"彼"除了做定语以外,还可以作主语和宾语,如例(9)、(10) [例(10) 的"此土彼石"是由两个主谓词组组成的联合词组]。

注意:在"知己知彼"、"彼竭我盈"中,"彼"指示的对象是"对方",不能理解为"那"。

何 胡 奚 曷

这是一组疑问代词,它们指代的是不确定的事物、性质、处所、时间、状况、原因等等,相当于现代汉语中的"什么"、"什么样"、"什么时候"、"什么地点"等等。

在指称范围上,"何"、"奚"使用的范围较大,可以指代事物、地点、原因、性质等等。例如:

(1) 大王来何操?(《史记·项羽本纪》)
(2) 豫州今欲何往?(《资治通鉴·汉献帝建安十三年》)
(3) 何不试之以足?(《韩非子·外储说左上》)
(4) 以此攻城,何城不克?(《左传·僖公四年》)

(5) 奚以知其然也？（《庄子·逍遥游》）

(6) 彼且奚适也？（《庄子·逍遥游》）——它还要到哪里去呢？

(7) 子奚哭之悲也？（《韩非子·和氏》）

(8) 奚国有之？（《韩非子·八奸》）

"曷"多用于指代原因、性质。例如：

(9) 曷为久居此围城之中而不去也？（《战国策·赵策三》）

(10) 而五人生于编伍之间，素不闻诗书之训，激昂大义，亦曷故哉？（张溥《五人墓碑记》）

"胡"一般用于指代事物、原因。例如：

(11) 即不幸有方二三千里之旱，国胡以相恤？（贾谊《论积贮疏》）

(12) 不稼不穑，胡取禾三百廛兮？（《诗经·魏风·伐檀》）

【辨析】

一、从指代功能来看，"何"、"奚"的指代功能较强，分布的范围较大。但从使用频率来看，"何"使用得最多，用法也较多样。

二、这一组词在疑问句中作动词或介词的宾语时，一般都放在动词或介词的前面。这一点应予以注意。

三、这一类疑问代词还有"安"、"恶"、"焉"，一般指代处所、状况、原因，较少指代事物。

人 和 事 物

兵 卒 士

这一组词都可以表示士兵，即军队中的基本成员，同表示指挥人员的词"将"、"帅"相对而言。

"兵"的本义是"兵器"。例如：

（1）大叔完聚，缮甲兵，具卒乘。（《左传·隐公元年》）
（2）擐甲执兵，固即死也。（《左传·成公二年》）

后引申指"士兵"。例如：

（3）不费斗粮，未烦一兵，未战一士，未绝一弦，未折一矢，诸侯相亲，贤于兄弟。（《战国策·秦策一》）
（4）帝王之兵，所用者不过三万，而天下服矣。（《战国策·赵策三》）

"卒"的本义指古代穿染色衣服的奴隶，后来也引申指士兵。例如：

（5）训卒利兵。（《左传·文公七年》）——兵：兵器。
（6）汤武之卒，不过三千人。（《战国策·赵策三》）

"士"的本义指男子。例如：

（7）女也不爽，士贰其行。（《诗经·卫风·氓》）
（8）唯士与女，伊其相谑，赠之以芍药。（《诗经·郑风·溱洧》）

后来也引申指士兵。例如：

（9）将战，华元杀羊食士。（《左传·宣公二年》）
（10）杀士三分之一，而城不拔者，此攻之灾也。（《孙子·谋攻》）

【辨析】

一、在指称范围上，如果是泛指"士兵"时，三者基本上没什么区别。例如：

（11）越王勾践乃以余兵五千人栖于会稽之上。（《史记·伍子胥列传》）
（12）故将必与卒同甘苦。（《淮南子·兵略训》）
（13）夜至张柴村，尽杀其戍卒，据其栅，命士少休。（《资治通鉴·唐宪宗元和十二年》）

如果用于专指时，三者的指称对象则有所不同。在古代，"士"

专指战车上的甲士或负责保卫的武士。例如：

(14) 操吴戈兮被犀甲，车错毂兮短兵接。旌蔽日兮敌若云，矢交坠兮士争先。(《楚辞·九歌·国殇》)

(15) 交戟之卫士欲止不内，樊哙侧其盾以撞，卫士仆地。(《史记·项羽本纪》)

"卒"用于专指时指步兵。例如：

(16) 大叔完聚，缮甲兵，具卒乘，将袭郑。(《左传·隐公元年》)——乘：战车。

(17) 比至陈，车六七百乘，骑千余，卒数万人。(《史记·陈涉世家》)——骑：骑兵。

由于"士"指甲士，"卒"指步兵，所以古代常以"士卒"连用指称部队、军队。例如：

(18) 项羽大怒曰："旦日飨士卒，为击破沛公军。"(《史记·项羽本纪》)

(19) 天下初定，士卒疲于兵，未可以武服也。(《史记·刘敬叔孙通列传》)——兵：战事。

"兵"在汉代以前，一般用来指整体性的军队。例如：

(20) 于是为长安君约车百乘，质于齐，齐兵乃出。(《战国策·赵策四》)

(21) 当是时，项羽兵四十万，在新丰鸿门；沛公兵十万，在霸上。(《史记·项羽本纪》)

二、"士"和"卒"都可以用于中性，这是其相同点。例如：

(22) 魏氏之武卒不可以遇秦之锐士。(《荀子·议兵》)

但"士"略含褒义，所以后来多说"勇士"、"壮士"、"烈士"，而"卒"由于从"奴隶"意义引申而来，所以略含贬义。例如：

(23) 率疲弊之卒，将数百之众，转而攻秦。(贾谊《过秦论上》)

(24) 夫以疲病之卒御狐疑之众，众数虽多，其未足畏。(《资治通鉴·汉献帝建安十三年》)

"兵"由于泛指"军队",所以两种用法都有,可以说"精兵",也可以说"羸兵"。例如:

(25)(曹操)悉使羸兵负草填之,骑乃得过。(《资治通鉴·汉献帝建安十三年》)

(26)蔡之精兵皆在洄曲及四境拒守,守州城者皆羸老之卒。(《资治通鉴·唐宪宗元和十二年》)

附:关于"卒"的本义,我们依《说文》和新版《辞源》的说法。"士"的本义当为雄性之标志。我们这里是以较早见于文献的意义来说明的。

敌 仇 寇 虏

这一组词都可以表示"敌人"、"敌方",同"我方"或"友方"的意义相对。例如:

(1)明耻教战,求杀敌也。(《左传·僖公二十二年》)

(2)旌蔽日兮敌若云,矢交坠兮士争先。(《楚辞·九歌·国殇》)

(3)修我戈矛,与子同仇。(《诗经·秦风·无衣》)

(4)君之仇雠而我之昏姻也。(《左传·成公十三年》)——昏:同"婚"。

(5)晋不可启,寇不可翫。一之为甚,岂可再乎?(《左传·僖公五年》)——翫:忽视。

(6)左右有言秦寇之至者,因扜弓而射之。(《吕氏春秋·雍塞》)——扜(yū):拉。

(7)虏救死扶伤不给,旃裘之君长咸震怖。(司马迁《报任安书》)

(8)虏中我指。(《史记·高祖本纪》)——中:射中。指:脚趾。

【辨析】

"敌"的本义是"匹敌"。例如：

（9）敌则能战之，少则能逃之。（《孙子·谋攻》）

"敌"由"匹敌"引申为"敌人"，所以"敌"可以泛指敌对的人。例如：

（10）怀敌附远，何招而不至？（贾谊《论积贮疏》）

（11）与民为敌者，民必败之。（贾谊《新书·大政》）

"仇"的本义是"同类"、"同伴"，引申为配偶。例如：

（12）嘉耦曰妃，怨耦曰仇。（《左传·桓公二年》）——耦：同"偶"。

由"怨偶"（不和睦的夫妻）引申为"仇人"、"仇敌"。例如：

（13）郑、窦怨偶，代相为仇。（《后汉书·朱冯虞郑周传赞》）

（14）梁，吾仇也。（《新五代史·伶官传序》）

"寇"的本义是"侵暴"、"伤害"之义，引申为"侵犯"之义。例如：

（15）无敢寇攘。（《尚书·费誓》）

（16）然臣之弟子禽滑厘等三百人，已持臣守圉之器，在宋城上而待楚寇矣。（《墨子·公输》）

"寇"由"侵犯"之义引申为"敌人"，所以"寇"一般多表示入侵之敌。例如：

（17）今寇众我寡，难与持久。（《资治通鉴·汉献帝建安十三年》）

"虏"的本义是"俘获"。例如：

（18）囊者霸上、棘门军，若儿戏耳，其将固可袭而虏也。（《史记·绛侯周勃列传》）

"虏"由"俘获"引申为"俘虏"、"奴隶"，再引申指"敌人"。例如：

（19）实杀民百则言一，杀虏一则言百，或虏实多而谓之少，或实少而谓之多。（王符《潜夫论·实边》）

(20) 灭此虏，则鄯善破胆，功成事立矣。(《后汉书·班超传》)

(21) 今国家所以奉西、北之虏者，岁以数万计。(苏轼《教战守策》)

这一组词在感情色彩上也有区别。"敌"由于泛指敌对的人，感情色彩不如"寇"、"仇"、"虏"强烈。"仇"由"怨偶"引申为"仇敌"，所以含有"仇恨"的感情。例如：

(22) 今也天下之人怨恶其君，视之如寇仇，名之为独夫，固其所也。(黄宗羲《原君》)

今成语有"疾恶如仇"。

"虏"由于从"俘虏"的意义引申为"敌人"，所以含有轻蔑的意味。例如：

(23) 谈笑间，强虏灰飞烟灭。(苏轼《念奴娇》)

(24) 壮志饥餐胡虏肉，笑谈渴饮匈奴血。(岳飞《满江红》)

言 语 辞 词

这一组词都可以指人们的话语、言论。

"言"可以指日常的话语，也可以指言论。例如：

(1) 于是项伯复夜去，至军中，具以沛公言报项王。(《史记·项羽本纪》)

(2) 于是废先王之道，焚百家之言。(贾谊《过秦论上》)

(3) 孟子之言，圣人之言也。(黄宗羲《原君》)

"语"在古代原指口头的语言，后来也用来指书面语言或言论。例如：

(4) 吾闻其语矣，未见其人也。(《论语·季氏》)

(5) 无先王之语，以吏为师。(《韩非子·五蠹》)——无：不用。

(6) 文书下行直省，多潜易之，增减要语，奉行者莫辨也。(方

苞《狱中杂记》)

"辞"原来指吃官司人的口供，后来引申为言辞、话语。例如：

(7) 其文约，其辞微。(《史记·屈原贾生列传》)

(8) 撰长书以为贽，辞甚畅达。(宋濂《送东阳马生序》)

(9) 先生且喜且愕，……致辞曰："乞丈人一言而生。"(马中锡《中山狼传》)

"词"原来指词语，即由语音和意义构成的语言符号，后来也引申为言辞、话语。例如：

(10) 惑于愚儒之文词。(《盐铁论·刑德》)

(11) 词毕，又哀咤良久。(李朝威《柳毅传》)

(12) 巫从旁望空代祝，唇吻翕辟，不知何词。(《聊斋志异·促织》)

【辨析】

这一组词如果连用泛指话语时，意义上基本没什么区别。例如：

(13) 今吾且死，而侯生曾无一言半辞送我，我岂有所失哉？(《史记·魏公子列传》)

(14) 门者故不入，则甘言媚词，作妇人状。(宗臣《报刘一丈书》)

这一组词的区别表现在以下几点：

一、"言"可以用来特指"诺言"。"语"、"辞"、"词"很少用来指"诺言"。例如：

(15) 秦贪，负其强，以空言求璧，偿城恐不可得。(《史记·廉颇蔺相如列传》)

(16) 黄泉下相见，勿违今日言。(《玉台新咏·古诗为焦仲卿妻作》)

今成语还有"君子一言，驷马难追"，"食言而肥"等。

二、"言"、"语"可以指具有政策性、理论性的"言论"[如例(2)、例(5)]，"辞"、"词"很少用来指"言论"。

三、"辞"和"词"在指称"话语"和"书面语言"方面，除了在时代上有先后之分以外（"词"较晚起），在指称的范围上也有一定区别。"辞"可以指成篇章的书面语言，而"词"较少这种用法。

声 音 响 韵

这一组词都可以指"声音"。

"声"的本义就是指事物发出的并且被耳朵听到的声音。例如：

（1）闻其声不忍食其肉。（《孟子·梁惠王上》）

（2）别有幽愁暗恨生，此时无声胜有声。（白居易《琵琶行》）

"音"的本义指乐音，即声音按一定的音阶组织排列而成的曲调，多指乐器的声音。例如：

（3）百姓闻王钟鼓之声，管籥之音。（《孟子·梁惠王下》）

（4）是故知声而不知音者，禽兽是也。（《礼记·乐记》）

后来"音"，指称的范围扩大，泛指声音。例如：

（5）邻国相望，鸡狗之音相闻，民至老死而不相往来。（《庄子·胠箧》）

（6）良久，羽旄之影渐没，车马之音不闻。（马中锡《中山狼传》）

"响"的本义是"回声"。例如：

（7）天下云集响应。（贾谊《过秦论上》）

（8）空谷传响，哀转久绝。（《水经注·江水》）

后来也引申指声音。例如：

（9）抚节悲歌，声振林木，响遏行云。（《列子·汤问》）

（10）渔舟唱晚，响穷彭蠡之滨；雁阵惊寒，声断衡阳之浦。（王勃《滕王阁序》）

"韵"的本义是"和声"。例如：

（11）繁弦既抑，雅韵乃扬。（蔡邕《琴赋》）

后来也引申为声音，但多指和谐悦耳之声。例如：

(12) 喈喈逐黄鸟之声，嘤嘤学草虫之韵。（《文心雕龙·物色》）
(13) 得双石于潭上，扣而聆之，南声函胡，北音清越，枹止响腾，余韵徐歇。（苏轼《石钟山记》）

【辨析】

这一组词中，"声"概括的范围最大，使用也最广，可以指一切声音。例如：

(14) 是子也，熊虎之状而豺狼之声。（《左传·宣公四年》）
(15) 闻水声，如鸣佩环。（柳宗元《小石潭记》）
(16) 中间力拉崩倒之声，火爆声，呼呼风声，百千齐作，又夹百千求救声，曳屋许许声，抢夺声，泼水声。凡所应有，无所不有。（林嗣环《秋声诗自序》）

"响"也可以泛指各种声音。例如：

(17) 露重飞难进，风多响易沉。（骆宾王《在狱咏蝉》）
(18) 而心目耳力俱穷，绝无踪响。（《聊斋志异·促织》）

但是，从范围上来看，"响"远不如"声"使用得广。

"音"引申指声音后，由于受它的本义的制约，所以表示声音时多与乐器、音乐有关。例如：

(19) 流血及屦，未绝鼓音。（《左传·成公二年》）
(20) 客有吹洞箫者，倚歌而和之。其声呜呜然，如怨如慕，如泣如诉，余音袅袅，不绝如缕。（苏轼《前赤壁赋》）

"韵"概括的范围最窄，使用也最少。

车 辇 轩 舆

这一组词都可以表示车辆。例如：

(1) 车同轨，书同文字。（《史记·秦始皇本纪》）
(2) 老妇恃辇而行。（《战国策·赵策四》）
(3) 至若龙马银鞍，朱轩绣轴，帐饮东都，送客金谷。（江淹《别赋》）

(4) 假舆马者，非利足也，而致千里。(《荀子·劝学》)

【辨析】

在这一组词中，"车"概括的范围最大，可以泛指各种车子。例如：

(5) 于是为长安君约车百乘，质于齐。(《战国策·赵策四》)

(6) 手把文书口称敕，回车叱牛牵向北。(白居易《卖炭翁》)

"车"用于专指时，特指"战车"。例如：

(7) 车错毂兮短兵接。(《楚辞·九歌·国殇》)

(8) 命子封帅车二百乘以伐京。(《左传·隐公元年》)

"辇"原来指人力推挽的车，秦汉以后专用于指君、后坐的车子。《通典·礼典》："夏氏末代制辇，秦以为人君之乘，汉因之。"例如：

(9) 仆赖先人绪业，得待罪辇毂下，二十余年矣。(司马迁《报任安书》) ——因为"辇"特指皇帝的乘车，所以可以用"辇毂下"指代京城。

(10) (高)琼即麾卫士进辇，帝遂渡河。(《宋史·寇准传》) ——麾：指挥。

"轩"是前顶较高而且有帷幕的车子，较华美。一般为大夫以上的官员乘坐。例如：

(11) 苟使我入获国，服冕乘轩，三死无与。(《左传·哀公十五年》)

(12) 今有人于此，舍其文轩，邻有敝舆而窃之。(《墨子·公输》)

"舆"的本义是"车厢"，例如：

(13) 木材……曲者宜为轮，直者宜为舆。(王符《潜夫论·相列》)

"舆"引申指车子后，指称的范围要比"辇"、"轩"大，但一般多指乘人的车子。例如：

(14) 马骇舆，则君子不安舆。(《荀子·王制》)

(15) 今王公贵人处于重屋之下,出则乘舆,风则袭裘。(苏轼《教战守策》)

国 都 京 城 邑

这组词都可用于指人所聚居的城市。例如:
(1) 在国曰市井之臣。(《孟子·万章下》)
(2) 民所聚曰都。(《谷梁传·僖公十六年》)
(3) 裸将于京。(《诗经·大雅·文王》)
(4) 魏文侯以为将,击秦,拔五城。(《史记·孙子吴起列传》)
(5) 田畴秽,都邑露。(《荀子·富国》)

【辨析】
一、这组词在所指对象上都比较多样,彼此之间又有所不同。
1. 它们都可用于指一个国家的首都,但在应用上"国"、"都"较自由,而"京"、"城"、"邑"所受限制较大。例如:
(6) 郑人使我掌其北门之管,若潜师以来,国可得也。(《左传·僖公三十二年》)
(7) 出国门而轸怀兮。(《楚辞·九章·哀郢》)
(8) 登斯楼也,则有去国怀乡,……感极而悲者矣。(范仲淹《岳阳楼记》)
(9) 明王奉若天道,建邦设都。(《尚书·说命中》)
(10) 秋九月,权迁都建业。(《三国志·吴志·吴主传》)
(11) 淮左名都,竹西佳处。(姜夔《扬州慢》)
"京"用于指国都时,较少单用,常以"京师"、"京城"、"帝京"等形式出现。例如:
(12) 京师之野,於时处处。(《诗经·大雅·公刘》)
(13) 昔余游京华,未尝废丘壑。(谢灵运《斋中读书》)
(14) 自言本是京城女,家在虾蟆陵下住。(白居易《琵琶行》)
(15) 我从去年辞帝京,谪居卧病浔阳城。(白居易《琵琶行》)

(16) 为今之计，莫若请车驾还京。(岳飞《南京上高宗书略》)

"城"指国都，往往要在一定的上下文中才能确定。例如：

(17) 凡用兵之法，全国为上，破国次之，……故上兵伐谋，其次伐交，其次伐兵，其下攻城。(《孙子·谋攻》)

(18) 城阙辅三秦，风烟望五津。(王勃《送杜少府之任蜀州》)

(19) 夜来城外一尺雪，晓驾炭车辗冰辙。(白居易《卖炭翁》)

例（18）、（19）中的"城"是指唐代国都长安。

"邑"用于指国都的时候很少，且需一定的语境。例如：

(20) 商邑翼翼，四方之极。(《诗经·商颂·殷武》)

这几个词虽都可指国都，但"国"多用于指诸侯国的都城，"都"在先秦时也是这种用法。

2. 在用于指一般意义的城市时，这组词也有所不同。

"京"不具有这个意义。"国"用于这个意义也不常见。例如：

(21) 国有班事，县有序民。(《国语·周语中》)——国：城邑。

"都"、"城"、"邑"也有所区别。"都"在地位上比"城"、"邑"高。例如：

(22) 凡邑有宗庙先君之主曰都，无曰邑。(《左传·庄公二十八年》)

(23) 冯谖诫孟尝君曰："愿请先王之祭器，立宗庙于薛。"(《战国策·齐策四》)

例（23）中冯谖之所以献此计策，就因为薛是一般的城邑，立宗庙后地位就高多了。

3. 这组词中，"国"、"城"、"邑"还可用于指诸侯的封地。例如：

(24) 丘也闻有国有家者。(《论语·季氏》)

(25) 孟尝君就国于薛。未至百里，民扶老携幼，迎君道中。(《战国策·齐策四》)

(26) 及庄公即位，为之请制。公曰："制，岩邑也，虢叔死焉。佗邑唯命。"请京，使居之，谓之京城大叔。(《左传·隐公元年》)

(27) 夫今樊将军，秦王购之金千斤，邑万家。(《战国策·燕策三》)

"都会"也指诸侯的封地。例如：

(28) 裂都会而为之郡邑。(柳宗元《封建论》)

"京"不具有这种意义。

二、这组词虽都可指城市，但在规模上有所区别。一般说来，"国"大于"都"，"都"大于"城"、"邑"（"京"和"国"基本相同，但时间上有先后）。例如：

(29) 九夫为井，四井为邑，四邑为丘，四丘为甸，四甸为县，四县为都。(《周礼·地官·小司徒》)

(30) 一年而所居成聚，二年成邑，三年成都。(《史记·五帝纪》)

(31) 舜一徙成邑，再徙成都，三徙成国。(《吕氏春秋·贵因》)

不过，在应用中也有并不如此严格区别的，如《史记·廉颇蔺相如列传》中就有混用的情况：

(32) 秦昭王闻之，使人遗赵王书，愿以十五城请易璧。

(33) （秦王）召有司案图，指从此以往十五都予赵。

(34) 臣观大王无意偿赵城邑。

其中的"都"、"城"、"邑"指的都是那十五座城。

三、由于历史的演进，有的词在所指对象上有所改变。比如"邑"，由于唐代以后改变了赐封制度，它也就改为用于指行政区域的县。例如：

(35) 念乡人有客于泾阳者，遂往告别。……其夕，至邑而别其友。(李朝威《柳毅传》)

(36) 有华阴令欲媚上官，……邑有成名者，操童子业，久不售。(《聊斋志异·促织》)

而"都"在上古时期，也有"城堡"的意思。例如：

(37) 皇父孔圣，作都于向。(《诗经·小雅·十月之交》)

宫室房屋庐宅舍馆邸第(弟)

这组词都指供人居住的建筑物。例如：

(1) 公输子能因人主之材木，以构宫室台榭，而不能自为专屋狭庐，材不足也。(《盐铁论·贫富》)
(2) 郤子登，妇人笑于房。(《左传·宣公十七年》)
(3) 土地平旷，屋舍俨然。(陶渊明《桃花源记》)
(4) 宅，人所居处。(王充《论衡·四讳》)
(5) 适子之馆兮。(《诗经·郑风·缁衣》)
(6) 宫庙邸第，人民所次。(《史记·天官书》)

【辨析】

一、从所指对象上看，这组词都有一些发展变化，下面分别具体加以分析。

"宫"、"室"在先秦时都指一般的房屋，即民居。例如：

(7) 父母妻子，皆同其宫。(《墨子·号令》)
(8) 舜作室，筑墙茨屋，辟地树谷。(《淮南子·修务训》)
(9) 嗟我妇子，曰为改岁，入此室处。(《诗经·豳风·七月》)
(10) 故不大宫室者，非爱木也。(《淮南子·泰族训》)

秦汉以后，"宫"用来专指帝王及皇后、太子住的地方。例如：

(11) (秦王)乃朝服，设九宾，见燕使者咸阳宫。(《战国策·燕策三》)
(12) 作宫阿房，故天下谓之阿房宫。(《史记·秦始皇本纪》)
(13) 连昌宫中满宫竹，岁久无人森似束。(元稹《连昌宫词》)

"室"没有这种专指意义，而是贵贱同称。例如：

(14) 豪人之室，连栋数百。(仲长统《昌言·理乱》)
(15) 夫庶人之风，塉然起于穷巷之间，……邪薄入瓮牖，至于室庐。(宋玉《风赋》)

另外,"室"有时特指内室,即现代汉语的房间。例如:

(16) 入室又弗见也。(《礼记·问丧》)

(17) 独卧空室之中,若有所畏惧,则梦见夫人据案其身哭矣。(《论衡·订鬼》)

(18) 斯是陋室,惟吾德馨。(刘禹锡《陋室铭》)

"房"指正室两旁的房间。古代堂内的中间为正室,左右为房。例如:

(19) 在西房。(《尚书·顾命》)

又用来泛指住室,不区分左右(东西)。例如:

(20) 孟孙立于房外。(《左传·定公六年》)

(21) 洞房清宫,命曰寒热之媒。(枚乘《七发》)——洞房:幽深的住房。

"屋"的本义是幄,即帐篷,而后引申指屋顶。例如:

(22) 人之有冠,犹宫室之有墙屋也。(《国语·晋语六》)

(23) 夫风之疾至于飞屋折木。(《淮南子·兵略训》)

大约战国末年,"屋"才有房屋的意思。《说文解字注笺》:"古宫室无房名。古之所谓屋,非今之所谓屋也。""屋"表示房屋的用意,见例(1)、(3)。又如:

(24) 孟夏草木长,绕屋树扶疏。(陶渊明《读山海经》)

(25) 自从此后还闭门,夜夜狐狸上门屋。(元稹《连昌宫词》)

(26) 八月秋高风怒号,卷我屋上三重茅。(杜甫《茅屋为秋风所破歌》)

"庐"原指造于野外的比较简陋的住房。例如:

(27) 中田有庐,疆场有瓜。(《诗经·小雅·信南山》)

(28) 齐衰,苴杖,居庐,食粥,席薪,枕块,所以为至痛饰也。(《荀子·礼论》)

例(27)中的"庐"是看瓜的小屋,例(28)的"庐"是守墓的小屋。后来"庐"指一般的房屋,即民居,但仍有简朴的含义。例如:

（29）结庐在人境，而无车马喧。(陶渊明《饮酒》)

（30）吾庐独破受冻死亦足！(杜甫《茅屋为秋风所破歌》)

"宅"的所指对象也是一般的房屋，即民居。例如：

（31）无宅容身。(《韩非子·诡使》)

（32）初，景公欲更晏子之宅，曰："子之宅近市……"(《左传·昭公三年》)

后来也用于指王公贵戚的豪华住宅。例如：

（33）于是帝族王侯，外戚公主，擅山海之富，居川林之饶，争修园宅，互相夸竞。崇门丰室，洞户连房，飞馆生风，重楼起雾。(杨衒之《洛阳伽蓝记·王子坊》)

"舍"本是指供宾客住宿的处所。例如：

（34）掌舍，掌王之会同之舍。(《周礼·天官·冢宰》)

（35）鲁丹出，而不反舍，遂去中山。(《韩非子·说林上》)

（36）舍相如广成传舍。(《史记·廉颇蔺相如列传》)

"舍"从供客止息的这种意义引申于指一般的民居。例如：

（37）将适舍，求勿固。(《礼记·曲礼上》)——舍：此指主人之家。

（38）舍东南角篱上有桑树生，高五丈余。(《三国志·蜀志·先主传》)

（39）舍中儿母牵衣啼。(《乐府诗集·相和歌辞·东门行》)

后来也用于指教学的处所。例如：

（40）墨池之上，今为州学舍。(曾巩《墨池记》)

"馆"在先秦时期，和"舍"的意义相近，也指供宾客住宿的处所。《说文解字》："馆，舍也。周礼五十里有市，市有馆，馆有积，以待朝聘之客。"例如：

（41）乃筑诸侯之馆。(《左传·襄公三十一年》)

（42）可以假馆，愿留而受业于门。(《孟子·告子下》)

当时掌管"舍"的人称作"掌舍"[见例（34）]而掌管"馆"人称作"馆人"。例如：

(43) 敝邑馆人之属也。(《左传·昭公元年》)——杜预注：馆人：守舍人也。

(44) 孔子之卫，遇旧馆人之丧。(《礼记·檀弓上》)

汉以后，"馆"也用于指宏伟华丽的宫殿、楼阁。例如：

(45) 离宫别馆，弥山跨谷。(司马相如《上林赋》)

(46) 又于土山营墅，楼馆林竹甚盛。(《晋书·谢安传》)

(47) 临帝子之长洲，得天人之旧馆。(王勃《滕王阁序》)

唐宋以后，"馆"又用于指教学的地方。例如：

(48) 国子先生晨入太学，招诸生立馆下。(韩愈《进学解》)

(49) 所至多建学馆，勤诲诸生，从之游者甚众。(《宋史·何涉传》)

"邸"在战国时期指诸侯国接待外宾的客馆。例如：

(50) 魏使须贾于秦，范雎闻之，为微行，敝衣闲步之邸，见须贾。(《史记·范雎蔡泽列传》)

汉时指诸郡王侯为了朝觐天子而在京都设置的住所。例如：

(51) 吕后喜，许之，乃置酒齐邸，乐饮，罢，归齐王。(《史记·吕太后本纪》)

(52) 冬，斩其首，传诣京师，县蛮夷邸门。(《汉书·元帝纪》)——县：同"悬"。

后来由这个意义又引申指供旅人住宿的旅舍。例如：

(53) 时大雨，既至而(朱)熹它出，榦因留客邸。(《宋史·黄榦传》)

(54) 出入平津邸，一见孟尝尊。(陆厥《奉答内兄希叔》)

"邸"汉时还用于指王侯府第。例如：

(55) 光和元年初，开西邸卖官，自关内侯虎贲羽林，入钱各有差。(《后汉书·灵帝纪》)

(56) 自祖及孙，官府邸宅相望。(《东观汉记》)

"第"指帝王赐给臣下的住宅。因赏赐分甲乙次第，所以称"第"。例如：

(57) 武帝奉酒前寿，奉钱千万，奴婢三百人，公田百顷。甲第，以赐姊。(《史记·外戚世家》)

(58) 为列侯食邑者，皆佩大印，赐大第室。(《汉书·高帝纪下》)

也用于指高级官员或贵族的住宅。例如：

(59) 帝自幸其第省疾。(《三国志·魏志·曹真传》)

(60) 日暮，至豪民第门。(高启《书博鸡者事》)

"邸"、"第"有时连用。例如：

(61) 臣观诸侯王邸弟（第）百余，皆高祖一切功臣。(《史记·荆燕世家》)

(62) 宫庙邸第，人民用次。(《史记·天官书》)

从以上用例可看出这组词意义发展变化的情况。在所指对象上，"房"、"屋"、"宅"较稳定，基本上没什么变化，而"宫"、"室"的变化则先后悬殊，尤其是"宫"，由普通民居而至帝王宫殿；"舍"、"馆"、"邸"、"第"的变化较自然，如"邸"由王侯在京都的客馆引申到王侯府第，旅人客舍；"庐"则较复杂，由于它含有临时住所的意思，因此，除了上述所指对象外，在上古还用来指郊野沿途迎候宾客的房舍。例如：

(63) 凡国野之道，十里有庐，庐有饮食，三十里有宿，宿有路室。(《周礼·地官·遗人》)

"庐"在汉代还用来指官吏在宫府轮流应差时的住房，相当于后来的朝房。例如《汉书·金日磾传》："日磾小疾卧庐。"颜师古注："殿中所止曰庐。"

二、在所指对象的规模上，这组词也有区别。"宫"、"室"、"房"、"屋"、"宅"都可指一般的住房，但规模上"宫"、"宅"较大，"宫"包括住房外的围墙，面积不小，"宅"是指一户人家的所有住房。例如：

(64) 鲁共王时，尝欲以孔子宅为宫。(何晏《论语集解序》)

既能以宅为宫，面积自然相当可观了。又如陶渊明《归园田居》:"方宅十余亩,草屋八九间。"也是指宅中有屋。"屋"和"房"相似,而"房"只指东西厢房,有时可能是"屋"的组成部分。"室"指内室时,则比"房"还小了。

"舍"和"邸"都可指客馆,但"邸"显然豪华气派得多,所以"舍"中还有"上舍"。例如:

(65) 于是舍之上舍,令长子御,旦暮进食。(《战国策·齐策一》)

三、有的词还带有一定的感情色彩。如"庐"和"第",由于前者本指简陋的住房,后者本是钦赐的豪宅,因此后来称所居之处为"庐"则有谦卑之情,称"第"则有骄傲之意了。例如:

(66) 功成不受爵,长揖归田庐。(左思《咏史》)

但在运用中,也有意义转移的现象,同是左思的《咏史》,也有用"庐"指王侯贵族的豪居的,如"朝集金张馆,暮宿许史庐。"金、张、许、史都是当时的权臣贵戚。这是需要结合语境来分析的。

时空、程度、范围、数量

年 岁 载

这是一组时间词,用来表示地球绕太阳一周所需的时间十二个月。

"年"的本义是"收成"、"年成"的意思,后把一次收成所需的时间称为"一年","年"字也才开始含有十二个月之意。例如:

(1) 圣人为邦百年,亦可以胜残去杀矣。(《论语·子路》)

(2) 受任于败军之际,奉命于危难之间,尔来二十有一年矣。(诸葛亮《出师表》)

"岁"本指木星,木星又叫岁星(太岁),木星绕太阳运转一周约十二年。古人把木星绕太阳运行的一周分为十二份,每一份为一个"星次",木星运行一个星次需用十二个月,于是就把十二个月叫"一岁","岁"遂含有"年"的意义。例如:

(3)三岁贯女,莫我肯顾。(《诗经·魏风·硕鼠》)

(4)自吾三世居是乡,积于今六十岁矣。(柳宗元《捕蛇者说》)

"载"的本义是以车载物。"载"可以假借为"才",即草木初生之意,又可以假借为"兹",即草木繁茂之意。草木一岁一枯荣,于是"载"又引申出"岁、年"意。例如:

(5)二十有八载帝乃殂落。(《尚书·尧典》)

(6)自去史职,五载复还。(《后汉书·张衡传》)

(7)夫天运,三十岁一小变,百年中变,五百载大变。(《史记·天官书》)

【辨析】

一、"年"可以受基数词修饰表示时量,用于计时(见上举例),也可以受序数词修饰表示时点,用于纪年。例如:

(8)十年春,齐师伐我。(《左传·庄公十年》)

(9)康熙五十一年三月,余在刑部狱。(方苞《狱中杂记》)

"年"还可以受"往"、"去"、"是"、"明"的修饰,指示时间。例如:

(10)明年,复攻赵,杀二万人。(《史记·廉颇蔺相如列传》)

(11)我从去年辞帝京。(白居易《琵琶行》)

(12)越明年,政通人和,百废俱兴。(范仲淹《岳阳楼记》)

(13)是年谢庄办团。(《清稗类钞·冯婉贞胜英人于谢庄》)

"岁"一般不受序数词的修饰,但可以受"往"、"是"的修饰,组成"往岁"、"是岁"来指示时间。例如:

(14)是岁晋又饥。(《左传·僖公十五年》)

(15)往岁穆公之卒,晋襄公亦卒。(《史记·秦本纪》)

"载"一般不同序数词或"往"、"明"、"去"、"是"相结合构成词组指示时间。不过有一点需要说明：唐代天宝、至德时期纪年用"载"，例如唐肃宗李亨即位的那一年就记作"唐至德元载"（公元756年）。这是比较特殊的。

二、"年"、"岁"都可以表示"年龄"。但"年"表示年龄时是名词，表示的是人从出生到某一时间的寿命的总量。例如：

（16）北山愚公者，年且九十。（《列子·汤问》）
（17）李氏子蟠，年十七。（韩愈《师说》）

"岁"表示的是年龄的单位，是量词。例如：

（18）六十九岁矣。（《庄子·渔父》）
（19）年十三岁，庄襄王死，（嬴）政代为秦王。（《史记·秦始皇本纪》）

"载"一般不用来表示年龄。

三、"岁"可以修饰动词，表示"年年"、"每年"的意思。例如：

（20）良庖岁更刀，割也。（《庄子·养生主》）
（21）其始，太医以王命聚之，岁赋其二。（柳宗元《捕蛇者说》）

"年"、"载"都没有这种用法。

朝　旦　晨　早　夙　晓　曙

这一组词都是指"早晨"这一段时间，同"暮"、"夕"、"昏"、"晚"等词相对。

"朝"、"旦"本来指太阳出来以后的这一段时间，后来泛指整个早晨。例如：

（1）（邹忌）朝服衣冠，窥镜。（《战国策·齐策一》）
（2）朝驰余马兮江皋，夕济兮西澨。（《楚辞·九歌·湘夫人》）
（3）旦而战，见星未已。（《左传·成公十六年》）——已：

停止。

(4) 每至晴初霜旦，林寒涧肃。(郦道元《水经注·江水》)

"晨"表示的是太阳将要出来的这一段时间，比"朝"、"旦"表示的时间要早一些。例如：

(5) (冯谖)长驱到齐，晨而求见。孟尝君怪其疾也，衣冠而见之。(《战国策·齐策四》)

(6) 夜如何其？夜乡晨！(《诗经·小雅·庭燎》) ——乡：通"向"。

"晨"后来也泛指早晨。例如：

(7) 项王乃西，从萧晨击汉军，……日中，大破汉军。(《史记·项羽本纪》)

(8) 急应河阳役，犹得备晨炊。(杜甫《石壕吏》)

"早"同"旦"、"朝"表示的时间基本相同，亦多用于泛指早晨。例如：

(9) 明日早，令人求故人。故人来，方与之食。(《韩非子·外储说左上》)

(10) 二日早，行未二十里，忽风云腾涌。(陆游《入蜀记·过大孤山小孤山》)

"夙"表示的时间较早，约相当于现代汉语的"凌晨"，一般多用于表示一天中较早的时间。例如：

(11) 夙兴夜寐，靡有朝矣。(《诗经·卫风·氓》)

(12) (东郭先生)策蹇驴，囊图书，夙行失道，望尘惊悸。(马中锡《中山狼传》)

"晓"、"曙"原来指天亮，后来用来泛指早晨。例如：

(13) 晓看红湿处，花重锦官城。(杜甫《春夜喜雨》)

(14) 夜来城外一尺雪，晓驾炭车辗冰辙。(白居易《卖炭翁》)

(15) 涕泣交而凄凄兮，思不眠以至曙。(《楚辞·九章·悲回风》)

(16) 自昏达曙，目不交睫。(《聊斋志异·促织》)

【辨析】

一、这一组词在泛指早晨时,基本上没有时间早晚的区别,但如果具体来说,"夙"、"晨"、"晓"、"曙"表示的时间要早一些,"朝"、"旦"、"早"要晚一些。如果以"日出"为界,"夙"、"晨"、"晓"、"曙"可以表示"日出"以前的时间,"朝"、"旦"、"早"一般只表示日出以后的时间。

二、这一组词中,"朝"、"晨"、"早"、"夙"的指称性较强,侧重于指示"早晨"这一时间;而"旦"、"晓"、"曙"这三个词还具有一定的陈述性,可以表示从黑夜到白天的时间变化,含有"天明"、"天亮"的意思。例如:

(17)坐以待旦。(《孟子·离娄下》)

(18)吾枕戈待旦,志枭逆虏。(《晋书·刘琨传》)

(19)春眠不觉晓,处处闻啼鸟。(孟浩然《春晓》)

(20)晓来雨过,遗踪何在?一池萍碎。(苏轼《水龙吟》)

(21)鸡鸣外欲曙,新妇起严妆。(《玉台新咏·古诗为焦仲卿妻作》)

(22)迟迟钟鼓初长夜,耿耿星河欲曙天。(白居易《长恨歌》)

三、这一组词同"夕"、"暮"、"昏"、"晚"、"夜"对立的情况也有区别。"朝"、"旦"常同"夕"、"暮"对举连用。例如:

(23)令朝至暮变,暮至朝变,十日而海内毕矣。(《韩非子·难一》)

(24)朝闻道,夕死可矣。(《论语·里仁》)

(25)或王命急宣,有时朝发白帝,暮到江陵。(郦道元《水经注·江水》)

(26)旦辞爷娘去,暮宿黄河边。《乐府诗集·梁鼓角横吹曲·木兰诗》

"夙"一般只同"夜"相对。例如:

(27)夙兴夜寐,朝夕临政,以此知其恤民也。(《左传·襄公二十六年》)

(28) 受命以来,夙夜忧叹。(诸葛亮《出师表》)

其他的词对举的情况比较复杂,下面是一些例子:

(29) 晨风凄以激冷,夕雪暠以掩路。(潘岳《怀旧赋》)

(30) 朝成绣夹裙,晚成单罗衫。(《玉台新咏·古诗为焦仲卿妻作》)

(31) 暮婚晨告别,无乃太匆忙!(杜甫《新婚别》)

(32) 朝歌夜弦,为秦宫人。(杜牧《阿房宫赋》)

(33) 晨昏力作,夜以继日。(《盐铁论·散不足》)

(34) 晨夜兼行,蒙犯霜雪。(《后汉书·光武帝纪》)

(35) 贤者之治邑也,蚤出莫入。(《墨子·尚贤中》)——蚤:同"早"。莫:"暮"的本字。

(36) (成)早出暮归,提竹筒丝笼,于败堵丛草处,探石发穴,靡计不施。(《聊斋志异·促织》)

夕 暮 昏 晚

这一组词都可以表示"日落前后至星月出现"这一段时间,同表示"早晨"的词相对。例如:

(1) 若假之道,则虢亡而虞夕从之矣。(《韩非子·十过》)

(2) 若晋君朝以入,则婢子夕以死,夕以入,则朝以死。(《左传·僖公十五年》)

(3) 暮寝而思之。(《战国策·齐策一》)

(4) 君不见,高堂明镜悲白发,朝如青丝暮如雪。(李白《将进酒》)

(5) 昏以为期,明星煌煌。(《诗经·陈风·东门之杨》)

(6) 昏旦变气候,山水含清晖。(谢灵运《石壁精舍还湖中作》)

(7) 停车坐爱枫林晚,霜叶红于二月花。(杜牧《山行》)

(8) 晚泊沙夹,距小孤一里。(陆游《入蜀记·过大孤山小孤山》)

【辨析】

一、这一组词中,"暮"、"昏"、"晚"表示的时间要晚一些,一般用来指日落之后。"夕"表示的时间要略早一些,所以可以说"夕阳"。例如:

(9)夕阳无限好,只是近黄昏。(李商隐《乐游原》)

(10)已而夕阳在山,人影散乱。(欧阳修《醉翁亭记》)

二、这一组词中,"夕"、"昏"侧重于表示"晚上"这一时间,指称性较强。而"暮"、"晚"还有一定的陈述性,可以表示"日落"、"天晚"的时间变化。例如:

(11)日渐暮,遂前其足,手向后据地,坐而下脱。(《徐霞客游记·游黄山后记》)

(12)日将暮,取儿藁葬。(《聊斋志异·促织》)

(13)春潮带雨晚来急,野渡无人舟自横。(韦应物《滁州西涧》)

(14)三杯两盏淡酒,怎敌他晚来风急。(李清照《声声慢》)

三、这一组词同表示"早晨"时间的词的对立情况也有些区别。关于这一点,除了看上面的举例外,请参看"朝"、"旦"、"晨"、"早"、"夙"、"晓"、"曙"条"辨析"部分的举例。

昔 往 向 故 旧 前

这一组词都表示"在时间顺序上处在前面的",或"已经发生的,已有的",同"现在的"和"未来的"相对。

"昔"意为"以往的"、"古代的"。例如:

(1)将军向宠,……试用于昔日,先帝称之曰能。(诸葛亮《出师表》)

(2)昔人愿世世无生帝王家。(黄宗羲《原君》)

"往"意为"过去的"、"以前的"。例如:

(3)往者不可谏,来者犹可追。(《论语·微子》)

(4) 故述往事，思来者。(《史记·太史公自序》)

"向"意为"当初"、"原来"。例如：

(5) 向为身死而不受，今为宫室之美为之。(《孟子·告子上》)

(6) 深谋远虑，行军用兵之道，非及向时之士也。(贾谊《过秦论上》)

"故"、"旧"意为"以前的"、"原有的"。例如：

(7) 以故法为其国与此同。(《吕氏春秋·察今》)

(8) 故例，谪戍者移顺天府羁候。(方苞《狱中杂记》)

(9) 乃重修岳阳楼，增其旧制。(范仲淹《岳阳楼记》)

(10) 项脊轩，旧南阁子也。(归有光《项脊轩志》)

"前"意为"已有的"、"过去的"。例如：

(11) 前事之不忘，后事之师。(《战国策·赵策一》)

(12) 一举不得，前功尽弃。(《史记·周本纪》)

(13) 此则岳阳楼之大观也，前人之述备矣。(范仲淹《岳阳楼记》)

【辨析】

一、"故"、"旧"、"往"一般不用来指示时间，而只表示"时间上在前的"这一性质。"昔"、"向"、"前"则还具有指称性，可以指示"过去的时间"、"以前的时间"。例如：

(14) 路旁一歧东上，乃昔所未至者。(《徐霞客游记·游黄山后记》)

(15) 昔欲救皇上既无可救，今欲救先生亦无可救。(梁启超《戊戌政变记·谭嗣同传》)

(16) 太守即遣人随其往，寻向所志。(陶渊明《桃花源记》)

(17) 向吾不为斯役，则久已病矣。(柳宗元《捕蛇者说》)

(18) 前不见古人，后不见来者。(陈子昂《登幽州台歌》)

二、"昔"、"向"多同"今"对举，侧重于比较"过去"和"现在"的区别。"往"多同"来"对举，侧重于"过去"同"未来"的比较。"前"多与"后"对举，多强调时间上"前"、"后"

的对比。"故"、"旧"侧重于说明"以前已有"这一性质,不侧重于比较。

三、"向"在表示时间上有一个特点,即凡是过去的时间都可以称"向",刚刚过去的时间也可以称"向"。所以"向"表示的时间同"现在"的距离有大有小。而"往"、"故"、"旧"所表示的时间同"现在"的距离一般都比较大(见前所举各例)。例如:

(19)向察众人之议,专欲误将军,不足与图大事。(《资治通鉴·汉献帝建安十三年》)

(20)向时云里诸峰,渐渐透出。(《徐霞客游记·游黄山后记》)

四、在语法功能上,"故"、"旧"、"往"多作定语或修饰成分,"向"、"昔"、"前"可以作主语、状语、定语或介词宾语。

中 内 里 间

这是一组方位词,表示在一定的空间、时间、过程、范围和状况之中,同"外"相对。

"中"概括的范围较大,使用的范围也较广。例如:

(1)又义兴水中有蛟,山中有白额虎,并皆暴犯百姓。(《世说新语·自新》)

(2)旦日,卒中往往语,皆指目陈胜。(《史记·陈涉世家》)

(3)晋太元中,武陵人捕鱼为业。(陶渊明《桃花源记》)

(4)妇梦中咳嗽。(林嗣环《秋声诗自序》)

"内"多用于表示在一定的空间、时间、范围之中。例如:

(5)四境之内莫不有求于王。(《战国策·齐策一》)

(6)一日之内,一宫之间,而气候不齐。(杜牧《阿房宫赋》)

(7)每字有二十余印,以备一板内有重复者。(沈括《梦溪笔谈·技艺》)

"里"多用来表示在一定的空间、状况之中。例如:

（8）星河灿烂，若出其里。(曹操《观沧海》)

（9）稻花香里说丰年，听取蛙声一片。(辛弃疾《西江月》)

（10）醉里吴音相媚好。(辛弃疾《清平乐·村居》)

"间"多用于表示在一定的空间、范围之中。例如：

（11）虎见之，庞然大物也，以为神，蔽林间窥之。(柳宗元《三戒·黔之驴》)

（12）山行六七里，渐闻水声潺潺而泻出两峰之间者，酿泉也。(欧阳修《醉翁亭记》)

（13）而五人生于编伍之间，素不闻诗书之训。(张溥《五人墓碑记》)

【辨析】

一、"中"可以表示事物的中心部位，"里"、"内"、"间"不具备这种指称功能。例如：

（14）中有都柱，傍行八道。(《后汉书·张衡传》)

（15）拾视之，非字而画：中绘殿阁，类兰若；后小山下，怪石乱卧。(《聊斋志异·促织》)

二、"中"既同"外"相对立，也同"边"、"侧"、"旁"相对立。"内"、"里"一般同"表"、"外"相对。"间"一般同"两点"、"两边"、"两侧"相对立，侧重说明位置居于两点、两边、两侧之中。

三、从语法功能来看，"里"、"间"一般多同其他词语构成方位词组，较少单独作句子成分。"内"可以单独作句子成分，但不普遍。"中"可以作句子成分，而且可以做多种句子成分。例如：

（16）天门中断楚江开。(李白《望天门山》) ——作状语。

（17）有大石当中流，可坐百人。(苏轼《石钟山记》) ——作定语。

（18）中有鲁人冯三保者，精技击。(《清稗类钞·冯婉贞胜英人于谢庄》) ——作主语。

稍　微　少

这组词都含有"稍微"的意思,多用来表示"变化的程度轻,动作的幅度小,动作变化持续的时间短,在某些方面的性质不充分"等意义。例如:

(1) 药稍熔,则以一平板按其面。(《梦溪笔谈·技艺》)
(2) 夫妻心稍慰。(《聊斋志异·促织》)
(3) 一人予二十金,骨微伤。(方苞《狱中杂记》)
(4) 东坡现右足,鲁直现左足,各微侧。(魏学洢《核舟记》)
(5) 太后之色少解。(《战国策·赵策四》)
(6) 宾客意少舒,稍稍正坐。(林嗣环《秋声诗自序》)

【辨析】

一、"稍"、"少"多用在表示"变化"或"抽象动作"的词语前面,侧重于表示程度轻。"微"除了表示程度轻以外,还可以放在表示具体动作的词语前面,表示动作的幅度小。例如:

(7) 见其发矢十中八九,但微颔之。(欧阳修《卖油翁》)
(8) 满座宾客无不伸颈、侧目、微笑、默叹,以为妙绝。(林嗣环《秋声诗自序》)

二、"稍"、"少"用于肯定陈述句时,词义较轻,但当用于否定句中时,则表示"很少"、"极少",语义加重。"微"一般不用于否定句。例如:

(9) 断头置城上,颜色不少变。(张溥《五人墓碑记》)
(10) 时敌军已近寨,枪声隆然。寨中人蜷伏不少动。(《清稗类钞·冯婉贞胜英人于谢庄》)
(11) 录毕,走送之,不敢稍逾约。(宋濂《送东阳马生序》)
(12) 惟极贫无依,则械系不稍宽,为标准以警其余。(方苞《狱中杂记》)

皆 悉 尽 咸 毕 俱 同 并 共 凡

这组词都可以表示"总括",总括的方面包括范围、方式、时间、性质、数量,等等。

"皆"一般多用来对前面提到的人或事物进行总括,表示这些人或事物都属于下文所表示的一类人或事物,或者都具有下文所表示的性质,或者都处于下文所表示的状态,或者都发出下文所表示的行为、动作,等等。例如:

(1) 守州城者皆羸老之卒。(《资治通鉴·唐宪宗元和十二年》)

(2) 环滁皆山也。(欧阳修《醉翁亭记》)

(3) 水皆缥碧,千丈见底。(吴均《与朱元思书》)

(4) 从骑皆窃骂侯生。(《史记·魏公子列传》)

在这方面,"悉"与"皆"有相同之处。例如:

(5) 此悉贞良死节之臣,愿陛下亲之信之。(诸葛亮《出师表》)

(6) 男女衣着,悉如外人。(陶渊明《桃花源记》)

(7) 水抵两岸,悉皆怪石。(元结《右溪记》)

"悉"和"皆"不同之处是,"悉"总括的对象可以是被动的,例如:

(8) 事无大小,悉以咨之。(诸葛亮《出师表》)

(9) 毁其盆,悉埋于地。(龚自珍《病梅馆记》)

有时,"悉"虽然置于动词前,但实际总括的对象是出现在动词后面的表示人或事物的成分。例如:

(10) 赵王悉召群臣议。(《史记·廉颇蔺相如列传》)——悉召群臣,即召集所有的大臣。

(11) (陶侃)敕船官悉录锯木屑,不限多少。(《世说新语·政事》)——悉录锯木屑,即收集所有的锯木屑。

"尽"同"皆"功能基本相同。但总括的意味要重一些,有强调程度的作用。例如:

(12) 群臣惊愕，卒起不意，尽失其度。(《战国策·燕策三》)

(13) 沛公欲王关中，使子婴为相，珍宝尽有之。(《史记·项羽本纪》)

(14) 触草木，尽死。(柳宗元《捕蛇者说》)

"咸"总括的对象多为人物。例如：

(15) 京师学者咸怪其无征。(《后汉书·张衡传》)

(16) 江表英豪，咸归附之。(《资治通鉴·汉献帝建安十三年》)

"毕"总括的对象则一般多为事物。例如：

(17) 天下遗文古事，靡不毕集。(《史记·太史公自序》)

(18) 人间珍宝，毕尽于此。(李朝威《柳毅传》)

(19) 忽然抚尺一下，群响毕绝。(林嗣环《秋声诗自序》)

但也偶有例外。例如：

(20) 群贤毕至，少长咸集。(王羲之《兰亭集序》)

"俱"侧重于从范围、方式两方面进行总括。例如：

(21) 父子俱在军中，父归；兄弟俱在军中，兄归。(《史记·魏公子列传》)

(22) 船、粮、战具俱办。(《资治通鉴·汉献帝建安十三年》)

(23) 时不与法俱在。(《吕氏春秋·察今》)

(24) 今两虎共斗，其势不俱生。(《资治通鉴·汉献帝建安十三年》)

"同"一般侧重于从方式上加以总括，强调在一起行动、活动。例如：

(25) 同行十二年，不知木兰是女郎。(《乐府诗集·梁鼓角横吹曲·木兰诗》)

(26) 今王与百姓同乐，则王矣。(《孟子·梁惠王下》)

(27) 是疾易传染，遘者虽戚属，不敢同卧起。(方苞《狱中杂记》)

"同"也可以从范围上加以总括，但一般只限于判断句。例如：

(28) 与君离别意,同是宦游人。(王勃《送杜少府之任蜀州》)

(29) 同是天涯沦落人,相逢何必曾相识。(白居易《琵琶行》)

"并"可以从范围、方式、时间三个方面加以总括。例如:

(30) 山东豪俊并起而亡秦族矣。(贾谊《过秦论上》)

(31) 苏秦为从(纵)约长,并相六国。(《史记·苏秦列传》)

(32) 黄发垂髫,并怡然自乐。(陶渊明《桃花源记》)

"共"侧重于总括方式,多表示多人同时进行某一行动。例如:

(33) 即使吏卒共抱大巫妪投之河中。(《史记·滑稽列传》)

(34) 同心一意,共治曹操。(《资治通鉴·汉献帝建安十三年》)

(35) 遂举手助先生操刃,共殪狼,弃道上而去。(马中锡《中山狼传》)

"共"还可以从数量上加以总括。例如:

(36) 旁开小窗,左右各四,共八扇。(魏学洢《核舟记》)

(37) 对联、题名并篆文,为字共三十有四。(魏学洢《核舟记》)

"凡"一般只从数量上进行总括,包括事物的数量、动作的次数、距离的长短等方面。例如:

(38) 上计轩辕,下至于兹,为十表,本纪十二,书八章,世家三十,列传七十,凡百三十篇。(司马迁《报任安书》)

(39) 道海安、如皋,凡三百里。(文天祥《指南录后序》)

(40) 由是先主遂诣亮,凡三往,乃见。(《三国志·蜀志·诸葛亮传》)

【辨析】

一、从使用范围来看,"皆"、"悉"、"尽"、"俱"使用范围较大,可以对人和事物进行总括。"咸"、"并"、"同"、"共"一般多对人总括,"毕"、"凡"一般多对事物总括。

二、从总括的方面来看,"皆"、"咸"、"悉"、"毕"、"尽"侧重于从范围上总括,"同"、"共"侧重于从方式、时间上总括,

"凡"一般只从数量上总括,"俱"、"并"总括的方面较广。

三、从词义轻重来看,"悉"、"尽"、"毕"、"俱"词义略重,隐含着程度较深的意思,其次是"并"、"皆"、"共"、"凡"、"咸"。"同"侧重于强调方式,因此词义最轻。

四、从使用频率来看,"皆"、"悉"、"俱"、"并"使用较多,表示的语义关系也较复杂,应予以注意。

二 两 再

这一组词都可以表示"二"这一数量。

"二"和"两"都可以表示事物的数量。例如:

(1) 二国图其社稷,而求纾其民。(《左传·成公三年》)

(2) 陈胜佐之,并杀两尉。(《史记·陈涉世家》)

(3) 明年春,草堂成,三间两柱,二室四牖。(白居易《庐山草堂记》)

"再"不用于表示事物的数量,而只用于表示动作行为的次数。例如:

(4) 一鼓作气,再而衰,三而竭。(《左传·庄公十年》)

(5) 秦赵战于河漳之上,再战而再胜秦;战于番吾之下,再战而再胜秦。四战之后,赵亡卒数十万,邯郸仅存。(《战国策·齐策一》)

(6) 一呼而不闻,再呼而不闻,于是三呼耶。(《庄子·山木》)

【辨析】

从总的情况来看,这一组词之间的区别是比较明显的,但其间有交叉现象。分别叙述如下:

一、"二"和"再"。

"二"在上古时只用于表示物量,"再"则用于表示动量,二者的区别很明显。中古以后,"二"也可以表示动量。试比较下面两例:

(7) 秦赵五战,秦再胜而赵三胜。(《战国策·燕策一》)

（8）赵尝五战于秦，二败而三胜。（苏洵《六国论》）

不过，"二"表示动量时同"再"还是有一定区别的。"再"表示动量时，一律放在表示动作行为的词的前面，"二"则一般要放在后面。例如：

（9）其始，太医以王命聚之，岁赋其二。（柳宗元《捕蛇者说》）

（10）远者三岁一更，近者一二岁再更。（孙樵《书褒城驿壁》）

二、"二"和"两"。

"二"和"两"都可以表示物量，但"二"表示物的数目，"两"则多用来表示成双成对的事物或相互对立的两方面，这一点在先秦时期很少例外。例如：

（11）梯两臂长三尺。（《墨子·杂守》）

（12）（孙）膑至，庞涓恐其贤于己也，疾之，则以法刑断其两足而黥之。（《史记·孙子吴起列传》）

上例中的"两"表示成双成对的事物，下面是表示相互对立的事物的例子：

（13）且惧奔辟，而忝两君。（《左传·成公二年》）

（14）今两虎争人而斗，小者必死，大者必伤，子待伤虎而刺之，则是一举而兼两虎也。无刺一虎之劳而有刺两虎之名。（《战国策·秦策二》）

"两"的这一特点到中古时期也还有所保留。例如：

（15）山行六七里，渐闻水声潺潺而泻出于两峰之间者，酿泉也。（欧阳修《醉翁亭记》）

（16）两情若是久长时，又岂在朝朝暮暮！（秦观《鹊桥仙》）

"二"和"两"在语法功能上的区别也较明显。

第一，"两"只能表示基数，不能表示序数。"二"既可以表示基数（见上举例），也可以表示序数。例如：

（17）明君之所以立功名者四，一曰天时，二曰人心，三曰技能，四曰势位。（《韩非子·功名》）

（18）停车坐爱枫林晚，霜叶红于二月花。（杜牧《山行》）

第二，"二"可以同其他数词组合成复合数词，表示基数或序数，"两"不具备这一功能。例如：

（19）今人有五子不为多，子又有五子，大父未死而有二十五孙。（《韩非子·五蠹》）

（20）（季隗）对曰："我二十五年矣，又如是而嫁，则就木焉。请待子。"处狄十二年而行。（《左传·僖公二十三年》）

第三，"二"和"两"都可以修饰名词，作定语，这是它们的相同之处。不同的是，"两"可以修饰动词，作状语，而"二"则极少修饰动词，例如：

（21）楚弱则秦强，则其势不两立。（《战国策·秦策一》）

（22）贤舜，则去尧之明察；圣尧，则去舜之德化，不可两得也。（《韩非子·难一》）

"二"可以作主语、宾语、补语，"两"则不具备这些功能。例如：

（23）赐也，闻一以知二。（《论语·公冶长》）

（24）秦将白起闻之，纵奇兵，佯败走，而绝其粮道，分断其军为二。（《史记·廉颇蔺相如列传》）

（25）堂中设木榻四，素屏二。（白居易《庐山草堂记》）

（26）又叙事之省，其流有二焉，一曰省句，二曰省字。（刘知几《史通·叙事》）——流，类别。

第四，"二"与"两"都可以与"一"、"三"连用表示概数。上古时期可以说"一两"，但极少用"两三"或"三两"。例如：

（27）若当灸，不过一两处，……若当针，亦不过一两处。（《三国志·魏志·方技传》）

上古时期"二"常和"三"连用表示概数。例如：

（28）士也罔极，二三其德。（《诗经·卫风·氓》）

（29）即不幸有方二三千里之旱，国胡以恤之？（贾谊《论积贮疏》）

（30）三老、官属、豪长者、里父老皆会，以人民往观之者三二

千人。(《史记·滑稽列传》)

中古时期,"两"和"三"连用的情况就比较多见了,但多说"三两",较少说"两三"。例如:

(31) 儒道佛书,各二两卷。(白居易《庐山草堂记》)

(32) 三杯两盏淡酒,怎敌他晚来风急。(李清照《声声慢》)

"二三"连用的用法在中古时期仍然保留。例如:

(33) 与吾父居者,今其室十无二三焉。(柳宗元《捕蛇者说》)

三、"两"和"再"。

"两"和"再"都可以修饰动词,但它们修饰动词时表示的意义不同。"两"修饰动词时,表示的是动作的面,即两个动作主体共同发出某一动作或两个受事者同时接受同一动作或行为。例如:

(34) 两释累囚,以成其好。(《左传·成公三年》)

(35) 目不能两视而明,耳不能两听而聪。(《荀子·劝学》)

"再"修饰动词时,表示的是动作行为的量,即同一动作、行为重复两次或同一动作行为的第二次。例如:

(36) 一饮汗尽,再饮热去,三饮病已。(《史记·扁鹊仓公列传》)

(37) 凡师一宿为舍,再宿为信。(《左传·庄公三年》)

心理活动变化

知 识 通 晓 悟 解(jiě) 谕(喻)

这一组词都可以表示"懂得"、"理解"的意思。

"知"一般表示了解或掌握了关于某些事物或某方面的道理、知识或情况。例如:

(1) 知之为知之，不知为不知。(《论语·为政》)
(2) 知己知彼，百战不殆。(《孙子·谋攻》)
(3) 人非生而知之者，孰能无惑？(韩愈《师说》)

"识"一般多表示对某方面有较深的了解、认识，含有能辨别的意思。例如：

(4) 识礼乐之文者能述。(《礼记·乐记》)
(5) 吾何以识其不才而舍之？(《孟子·梁惠王上》)
(6) 知可以战与不可以战者胜，识众寡之用者胜。(《孙子·谋攻》)
(7) 新妇识马声，蹑履相逢迎。(《玉台新咏·古诗为焦仲卿妻作》)

"通"多表示对较多的方面的知识都有所掌握、了解。例如：

(8) 因入京师，观太学，遂通五经，贯六艺。(《后汉书·张衡传》)
(9) 淹通群籍。(梁启超《戊戌政变记·谭嗣同传》)

"晓"多表示对某些内在的、隐含的意义或道理有所明白、理解。例如：

(10) 智者之言，固非愚者之所晓。(《列子·仲尼》)
(11) 将军向宠，性行淑均，晓畅军事。(诸葛亮《出师表》)
(12) 拾视之，非字而画，……展玩而不可晓。(《聊斋志异·促织》)

"悟"多表示事后对某些方面有所明白、理解。例如：

(13) 悟已往之不谏，知来者之可追。(陶渊明《归去来兮辞》)
(14) 乃悟前狼假寐，盖以诱敌。(《聊斋志异·狼三则》)

"解"多表示对疑惑、不懂的方面有所理解、明白。例如：

(15) 大惑者终身不解。(《庄子·天地》)
(16) 善问者如攻坚木，先其易者，后其节目，及其久也，相说而解。(《礼记·学记》)——说，解释。
(17) 句读之不知，惑之不解，或师焉，或不焉。(韩愈《师说》)

"谕"兼有"明白"、"醒悟"的意思。例如：

（18）君子喻于义，小人喻于利。（《论语·里仁》）
（19）寡人谕矣，夫韩、魏灭亡，而安陵以五十里之地存者，徒以有先生也。（《战国策·魏策四》）
（20）征于色，发于声，而后喻。（《孟子·告子下》）

【辨析】

一、从语义内容的侧重点来看，"知"、"识"、"通"较接近，侧重于表示"知道"、"懂得"；"晓"、"悟"、"解"、"谕"较接近，侧重于表示"明白"、"醒悟"。从词义概括的范围来看，"知"概括的范围较大，泛指"知道"、"懂得"，"识"侧重于认识中的识别能力，"通"侧重于懂得的面广。"晓"、"解"侧重于理解，"悟"、"谕"侧重于醒悟。

二、从使用范围和对象来看，"知"使用的范围较大，可以用于对人、事情、知识、道理等方面。"通"多用于书籍、知识。"识"多用于人物、情势、语言文字等方面。"晓"、"谕"多用于道理、意义。"悟"多用于事情的原因。"解"多用于疑难问题。当它们并举连用时，这些区别并不明显，如果单独用于某方面，就要注意其间的细微区别了。

计 虑 图 谋

这组词都有"考虑"、"筹划"的意思。例如：
（1）唯大王与群臣孰计议之。（《史记·廉颇蔺相如列传》）——孰，同熟。
（2）非士无以虑国。（《墨子·亲士》）
（3）愿陛下熟图之。（《韩非子·存韩》）
（4）匪来贸丝，来即我谋。（《诗经·卫风·氓》）

【辨析】

一、这一组词表示的内容、对象各有特点。
"计"一般表示就当前的问题、事情计议、盘算，动作者可以是个人，也可以是多人。例如：

（5）公子自度终不能得之于王，计不独生而令赵亡。（《史记·魏公子列传》）

（6）廉颇蔺相如计曰："王不行，示赵弱且怯也。"赵王遂行。（《史记·廉颇蔺相如列传》）

"虑"是思量、考虑问题，动作者多为个人。态度上比较慎重，侧重于思考事情的发展、变化和结果。例如：

（7）其虑之不深，其择之不谨。（《荀子·荣辱》）

（8）人无远虑，必有近忧。（《论语·卫灵公》）

（9）太子曰："樊将军以穷困来归丹，……愿足下更虑之。"（《战国策·燕策三》）

"图"可以用来指个人考虑打算，也可以是多人在一起筹划，侧重于考虑后有所决定，更多着眼于达到谋划的目的。例如：

（10）阙秦以利晋，唯君图之。（《左传·僖公三十年》）

（11）则诸侯图鲁也。（《史记·孙子吴起列传》）

（12）向察众人之议，专欲误将军，不足与图大事。（《资治通鉴·汉献帝建安十三年》）

"谋"的本义是咨询。例如：

（13）咨事为诹，咨难为谋。（《左传·襄公四年》）

"谋"由遇到疑难向人征求意见引申为商议、考虑、计划，侧重于商议出办法或计谋，动作者一定是多人。例如：

（14）（愚公）聚室而谋曰……（《列子·汤问》）

（15）诸侯恐惧，会盟而谋弱秦。（贾谊《过秦论上》）

（16）唉！竖子不足与谋！（《史记·项羽本纪》）

二、从意义关系上看，"计"和"虑"比较相近，"谋"和"图"、"虑"比较相近，但意义的侧重点各有不同。

"计"和"虑"可以交替应用。例如：

（17）翟尝计之矣，翟虑耕而食天下之民矣。（《墨子·鲁问》）

（18）见其可欲也，则必前后虑其可恶也者；见其可利也，则必前后虑其可害也者，而兼权之，孰计之。(《荀子·荣辱》)——孰，同熟。

但仔细分析，"计"是心中盘算，着重在比较长短以便订计划或策略。"虑"是反复思考，着重把事情想透以便考虑得失。例如：

(19) 今为君计，莫若遣腹心自结于东，以共济世业。(《资治通鉴·汉献帝建安十三年》)

(20) 智者千虑，必有一失；愚者千虑，必有一得。(《史记·淮阴侯列传》)

"谋"和"图"也较相近。例如：

(21) 而谋动干戈于邦内。(《论语·季氏》)

(22) 昔乐毅走赵，赵王欲与之图燕。(曹操《让县自明本志令》)

但"图"重在考虑后做出决定，而"谋"重在商议出办法或计谋。例如：

(23) 事急矣！惟先生速图！(马中锡《中山狼传》)

(24) 陈胜、吴广乃谋曰："今亡亦死，举大计亦死，等死，死国可乎？"(《史记·陈涉世家》)

"谋"和"虑"也常常交替应用。例如：

(25) 旻天疾威，弗虑弗图。(《诗经·小雅·雨无正》)——上天暴虐降灾，而统治者却不考虑此事。

(26) 深谋远虑，行军用兵之道，非及向时之士也。(贾谊《过秦论上》)

(27) 今孔某深虑同谋以奉贼。(《墨子·非儒》)

"谋"和"虑"在这种用法中，区别已是很微小了。

怀 念 思 想

这组词都可以表示"思念"、"怀想"的意思。例如：

(1) 有怀于卫，靡日不思。(《诗经·邶风·泉水》)

（2）言念君子，温其如玉。（《诗经·秦风·小戎》）
（3）久行怀思，无它异也。（《后汉书·列女传·乐羊子妻传》）
（4）望风怀想，能不依依！（李陵《答苏武书》）
（5）谁念北楼上，临风怀谢公。（李白《秋登宣城谢朓北楼》）
（6）感此怀故人，中宵劳梦想。（孟浩然《夏日南亭怀辛大》）

【辨析】

"怀"多表示思念故乡、离别之人或古人，适用范围较大。例如：

（7）延颈长叹息，远行多所怀。（曹操《苦寒行》）
（8）登斯楼也，则有去国怀乡，……感极而悲者矣。（范仲淹《岳阳楼记》）

例（5）中的"怀"及苏轼"念奴娇"词《赤壁怀古》中的"怀"，都是对古代的人物、历史事件的怀想。

"念"侧重于表示记挂某人某事，有"惦念"的意思。例如：

（9）媪之送燕后也，持其踵为之泣，念悲其远也。（《战国策·赵策四》）
（10）今日还家去，念母劳家里。（《玉台新咏·古诗为焦仲卿妻作》）
（11）秦爱纷奢，人亦念其家。（杜牧《阿房宫赋》）

"思"的特点是常常用于表示对爱恋的人的思念、爱慕之情。例如：

（12）求之不得，寤寐思服。（《诗经·周南·关雎》）
（13）我所思兮在太山，欲往从之梁父艰。（张衡《四愁诗》）

"想"的特点是可以表示"回想"的意思，含有"想象"的意味。例如：

（14）遥想公瑾当年，小乔初嫁了。（苏轼《念奴娇·赤壁怀古》）
（15）想当年，金戈铁马，气吞万里如虎。（辛弃疾《永遇乐·京口北固亭怀古》）

"怀"、"想"表达的"怀念"较开阔、深沉,"思"、"念"表达的"思念"较缠绵、细微。

欲 愿 希 冀 思 想

这组词都可以表示"想要"、"希望"的意思。

"欲"可以表示想要得到某种东西,也可以表示想要做某件事。例如:

(1) 鱼,我所欲也,熊掌,亦我所欲也。(《孟子·告子上》)
(2) (吴)广故数言欲亡。(《史记·陈涉世家》)

"愿"多用于说话人希望他人做某事,侧重于请求、祈使。例如:

(3) 北方有侮臣者,愿借子杀之。(《墨子·公输》)
(4) 孤之有孔明,犹鱼之有水也。愿诸君勿复言。(《三国志·蜀志·诸葛亮传》)

"希"、"冀"侧重于表达主观的欲望、要求。例如:

(5) 御下者,请谒希爵,一宜禁塞。(《后汉书·卢植传》)
(6) 少时陈力希公侯。(柳宗元《冉溪》)
(7) 因释其耒而守株,冀复得兔。(《韩非子·五蠹》)
(8) (屈原)不忘欲反,冀幸君之一悟,俗之一改也。(《史记·屈原贾生列传》)

"思"、"想"侧重于表示对理想中的人或情况的盼望。例如:

(9) 家贫则思良妻,国乱则思良将。(《史记·魏世家》)
(10) 思国之安者,必积其德义。(魏征《谏太宗十思疏》)
(11) 梦想贤士,共成功业。(《后汉书·王霸传》)
(12) 四海想中兴之美,群生怀来苏之望。(刘琨《劝进表》)

【辨析】

一、从语义侧重来看,"欲"侧重于表示主观的要求、打算,"愿"侧重于表示对别人的请求、祈使,"希"、"冀"、"思"、"想"较接近,侧重于表达主观的愿望。

二、在词义轻重上,"愿"、"冀"的词义较重,感情色彩也较浓厚,表示的愿望、要求也较强烈。例如:

(13) 宋顺帝下诏禅位于齐,……帝泣而弹指曰:"愿后身世世勿复生天王家!"(《资治通鉴·齐高帝建元元年》)

(14) 死何裨益,不如自行搜觅,冀有万一之得。(《聊斋志异·促织》)

三、在用法上,"希"、"冀"、"思"、"想"多用于肯定句中,"欲"、"愿"可以用于肯定句和否定句两种句式中。例如:

(15) 赵王悉召群臣议,……议不欲予秦璧。(《史记·廉颇蔺相如列传》)

(16) 钟鼓馔玉不足贵,但愿长醉不愿醒。(李白《将进酒》)

度 料 测 意 虞

这组词都可以表示"推测"、"预料"的意思。

"度"、"料"都可以表示根据情况进行推断,不过"度"侧重于估计将要出现的情况和事态的发展状况。例如:

(1) 会天大雨,道不通,度已失期。(《史记·陈涉世家》)

(2) 王行,度道里会遇之礼毕,还,不过三十日。(《史记·廉颇蔺相如列传》)

"料"则侧重于推断事物的性质,对事物进行估计。例如:

(3) 料敌制胜。(《汉书·赵充国传》)

(4) 诸人徒见操书言水步八十万而各恐慑,不复料其虚实。(《资治通鉴·汉献帝建安十三年》)

"测"侧重于探测,多指对内含的因素和不明的情况进行推测。例如:

(5) 夫大国难测也,惧有伏焉。(《左传·庄公十年》)

(6) 患生于多欲而人心难测也。(《汉书·蒯通传》)

"意"侧重于猜测,多表示肯定性不强的估计。例如:

(7) 人有亡鈇者，意其邻之子。(《吕氏春秋·去尤》)——鈇：通"斧"。

(8) 视之，形若土狗，梅花翅，方首，长胫，意似良。(《聊斋志异·促织》)

"虞"侧重于事先预料、谋划。例如：

(9) 以虞待不虞者胜。(《孙子·谋攻》)

【辨析】

一、在词义上，"度"重在推断，"料"重在推想，"测"重在推测，"意"重在猜测，"虞"重在预料。因此，这组词中，"度"表示的估计肯定程度最高。例如：

(10) 相如度秦王特以诈佯为予赵城，实不可得。(《史记·廉颇蔺相如列传》)

(11) 公子自度终不能得之于之。(《史记·魏公子列传》)

由于"料"重在推想，所以"料"还多用来表示一些合乎情理的想象、推理。例如：

(12) 料得年年断肠处，明月夜，短松岗。(苏轼《江城子》)

(13) 料当初，费尽人间铁。(辛弃疾《贺新郎》)

二、在用法上，表示"出乎意料之外"的意思时，较少用"不度"，而多用"不料"、"不意"、"不测"、"不虞"，这与"度"表示较肯定的推断有一定联系。例如：

(14) 攻其无备，出其不意。(《孙子·计》)

(15) 然不自意能先入关破秦。(《史记·项羽本纪》)

(16) 不虞君之涉吾地也，何故？(《左传·僖公四年》)

(17) 去京口，挟匕首以备不测。(文天祥《〈指南录〉后序》)

爱 怜 喜 好 幸 宠

这组词都可以表示"对人有很深的感情"或"对事物有浓厚的兴趣"这一类行为，与表示"厌恶"的词语相对。

"爱"的对象可以是人，也可以是事物。用于人时，根据不同的人分别表示"爱惜"、"爱护"、"爱戴"、"友爱"等意义。例如：

（1）吴广素爱人，士卒多为用者。（《史记·陈涉世家》）

（2）使六国各爱其人，则足以拒秦；使秦复爱六国之人，则递三世可至万世而为君。（杜牧《阿房宫赋》）

（3）元至正间，袁有守多惠政，民甚爱之。（高启《书博鸡者事》）

（4）兄爱弟敬。（《左传·隐公三年》）

"爱"的对象是事物时，多表示"喜爱"的意思。例如：

（5）秦爱纷奢，人亦念其家。（杜牧《阿房宫赋》）

（6）最爱东湖行不足，绿杨阴里白沙堤。（白居易《钱塘湖春行》）

（7）水陆草木之花，可爱者甚蕃。晋陶渊明独爱菊。（周敦颐《爱莲说》）

"怜"也有"爱"的意思，但侧重于表示"爱惜"、"喜爱"的意思。例如：

（8）丈夫亦爱怜其少子乎？（《战国策·赵策四》）

（9）项燕为楚将，数有功，爱士卒，楚人怜之。（《史记·陈涉世家》）

（10）天意怜幽草，人间重晚晴。（李商隐《晚晴》）

（11）既怜沧浪水，复爱沧浪曲。（刘长卿《西江雨后》）

"喜"、"好"多表示"喜欢"、"爱好"的意思，"好"比"喜"的程度更深一些。例如：

（12）公子喜士，名闻天下。（《史记·魏公子列传》）

（13）最喜小儿无赖，溪头卧剥莲蓬。（辛弃疾《清平乐·村居》）

（14）臣之所好者，道也。（《庄子·养生主》）

（15）沛公居山东时，贪于财货，好美姬。（《史记·项羽本纪》）

（16）余幼好书，家贫难致。（袁枚《黄生借书说》）

"幸"、"宠"都表示"偏爱"的意思。不过"幸"多表示帝王对妃嫔或臣子的偏爱，"宠"也可以用于对一般人的偏爱。"幸"多

用被动形式。例如:

(17) 嬴闻晋鄙之兵符常在王卧内,而如姬最幸,出入王卧内,力能窃之。(《史记·魏公子列传》)

(18) 夫赵强而燕弱,而君幸于赵王,故燕王欲结于君。(《史记·廉颇蔺相如列传》)

(19) 后宫佳丽三千人,三千宠爱在一身。(白居易《长恨歌》)

(20) 幸获名成,遂宠妾媵,弃其妇。(周容《芋老人传》)

【辨析】

一、在使用范围上,"爱"使用范围最广,既可适用于人,也可适用于事物。"怜"、"喜"、"好"虽然也可用于人和事物,但"怜"、"喜"多用于人,"好"多用于事物。"幸"、"宠"一般只用于人,不用于事物。

二、在词义轻重方面,"幸"、"宠"表示的"喜爱"程度最深,其次是"好"、"喜",再就是"怜"、"爱"。

"怜"、"宠"、"好"都有一定的感情色彩。

"怜"含有"疼爱"、"同情"的成分。"宠"、"好"有时则含有一定的贬义。如例(15)、例(20)。

三、在意义范围上,"怜"和"喜"比其他词广。在唐宋诗词里,"可怜"二字连用,除"可喜爱"、"可怜悯"的意思外,还有其他引申意义。白居易《长恨歌》:"可怜光彩生门户。"这是可羡的意思。韩愈《赠崔立之》:"可怜无补费精神。"这是可惜的意思。陆游《平水》:"可怜陌上离离草,一种逢春各短长。"这是可怪的意思。

"喜"不带宾语(语序上的或意念上的)时,多表现为"高兴"、"愉快"的意思,这也是应该加以注意的。

欢 喜 乐 悦(说) 快

这组词都可以表示"愉快"、"高兴"的意思,与表示"悲哀"、

"痛苦"意义的词相对。例如：

(1) 啜菽饮水尽其欢。(《礼记·檀弓下》)
(2) 先否后喜。(《周易·否》)
(3) 学而时习之，不亦说乎？有朋自远方来，不亦乐乎？(《论语·学而》)
(4) 抑王兴甲兵，危士臣，构怨于诸侯，然后快于心与？(《孟子·梁惠王上》)

【辨析】

一、在"愉快"、"高兴"的表现形式上，这组词各有特点。

"欢"、"喜"表示从内心到外表情态都有高兴的表现，也就是常说的"欢喜之情，溢于言表"、"喜形于色"等。例如：

(5) 圣上睹万方之欢娱。(班固《东都赋》)
(6) 僮仆欢迎，稚子侯门。(陶渊明《归去来兮辞》)
(7) 安得广厦千万间，大庇天下寒士俱欢颜。(杜甫《茅屋为秋风所破歌》)
(8) 既见君子，云何不喜？(《诗经·郑风·风雨》)
(9) 出就舍，张御食饮从官如汉王居，布又大喜过望。(《史记·黥布列传》)
(10) 却看妻子愁何在，漫卷诗书喜欲狂。(杜甫《闻官军收河南河北》)

"欢"、"喜"还常常连用。例如：

(11) 长平之事，秦军大克，赵军大破，秦人欢喜，赵人畏惧。(《战国策·中山》)
(12) 来日大难，口燥唇干；今日相乐，皆当喜欢。(曹植《善哉行》)

虽然"欢"、"喜"较相近，但相比较而言，"喜"侧重于外部形貌上的高兴程度，如例(9)的"大喜"、例(10)的"喜欲狂"，而"欢"侧重于气氛上的热烈，所以多用于群体。例如：

(13) 沛父老诸母故人日乐饮极欢。(《汉书·高帝纪下》)

（14）起坐而喧哗者，众宾欢也。（欧阳修《醉翁亭记》）

"乐"侧重于和谐、愉快的感觉。例如：

（15）子曰："饭疏食，饮水，曲肱而枕之，乐亦在其中矣。"（《论语·述而》）

（16）黄发垂髫，并怡然自乐。（陶渊明《桃花源记》）

（17）于是饮酒乐甚，扣舷而歌之。（苏轼《前赤壁赋》）

"悦"侧重于内心的高兴，常伴有与之相应的动作或行为。例如：

（18）武侯大悦而笑。（《庄子·徐无鬼》）

（19）秦伯说，与郑人盟。（《左传·僖公三十年》）

（20）诚能得樊将军首，与燕督亢之地图献秦王，秦王必说见臣。（《战国策·燕策三》）

（21）不若是，强者必悦于言，懦者必悦于色矣。（韩愈《原毁》）

"快"侧重于内心感觉上的舒畅、痛快，有"称心乐意"的含义。例如：

（22）有风飒然而至，王乃披襟而当之，曰："快哉此风！"（宋玉《风赋》）

（23）公子行数里，心不快。（《史记·魏公子列传》）

（24）贼能且众，吾欲护汝，则不快吾意。（魏禧《大铁椎传》）

"快"与"乐"比较接近，都侧重于内心的愉悦感受，而且也可连用。例如：

（25）诚知豪侠自快乐，东郊南陌竞斗鸡。（梅尧臣《依韵和永叔见寄》）

但二者的区别还是较明显的，"乐"较侧重于自我感觉，有自得其乐的含义，如例（15）、例（16）；而"快"侧重于外界事物对内心感受的影响，如例（22）。又如：

（26）暴雨过云聊一快。（苏轼《慈湖峡阻风》）

二、在词义程度的轻重上，"欢"、"喜"较其他词重，"快"又比"悦"、"乐"为重。例如：

（27）元王大悦而喜。（《史记·龟策列传》）

（28）故曰："悦主于心，悦而不已见于貌，见于貌为喜，喜而不已发于声，故曰歌。"（《说文系传通论》）

三、从语法功能上看，这组词也有一些区别。在表示"愉快"、"高兴"意义时，这组词一般都不带宾语，带宾语时，往往形成使动或意动用法，以"悦"、"乐"、"快"为常见。例如：

（29）为人臣者散公财以说民人，行小惠以取百姓。（《韩非子·八奸》）

（30）叶公子高问政于仲尼，仲尼曰："政在悦近而来远。"（《韩非子·难三》）

（31）宜尔家室，乐尔妻帑。（《诗经·小雅·棠棣》）

以上是使动用法。意动用法的用例如下：

（32）悦亲戚之情话，乐琴书以消忧。（陶渊明《归去来兮辞》）

（33）隔篁竹，闻水声，如鸣佩环，心乐之。（柳宗元《小石潭记》）

（34）人知从太守游而乐，而不知太守之乐其乐也。（欧阳修《醉翁亭记》）

（35）府佐快其所为，阴纵之，不问。（高启《书博鸡者事》）

如果带有宾语而又不是使动或意动用法，就会形成意义转移，变化为"喜爱"、"爱好"的意义。例如：

（36）我有嘉宾，中心喜之。（《诗经·小雅·彤弓》）

（37）楚田仲以侠闻，喜剑。（《史记·游侠列传》）

（38）若人之于色也，无不知说美者，而美者未必遇也。（《吕氏春秋·遇合》）

（39）魏王遗荆王美人，荆王甚悦之。（《韩非子·内储说下》）

（40）知者乐水，仁者乐山。（《论语·雍也》）

"欢"一般不带宾语，所以没有以上用法。

另外，"快"还可以和形容词词尾"然"结合成"快然"，其他词没有这种用法。例如：

(41) 得王深策，快然意解。(《后汉书·东平宪王苍传》)
(42) 快然自足，不知老之将至。(《晋书·王羲之传》)

戚 悽 怆 伤 哀 悲 痛 悼

这一组词都可以表示"难过"、"悲痛"的意思。同表示"高兴"、"愉快"意义的词相对。

"戚"是"伤心"、"难过"的意思，它既可以指内心难过的情绪，也可以指难过的情态。例如：

(1) 哭泣无涕，心中不戚。(《庄子·大宗师》)
(2) 颜色之戚，哭泣之哀，吊者大悦。(《孟子·滕文公上》)
(3) 言之，貌若甚戚者。(柳宗元《捕蛇者说》)

"悽"同"戚"较接近，但带有凄凉的色彩。例如：

(4) 意荒忽而流荡兮，心愁悽而增悲。(屈原《远游》)
(5) 送君一为别，悽断故乡情。(陈子昂《送殷大人入蜀》)

"怆"多表示"感伤"、"忧伤"的心情，含有"苍凉"的色彩。例如：

(6) 感余志兮惨僳，心怆怆兮自怜。(《楚辞·九怀·思忠》)
(7) 念天地之悠悠，独怆然而涕下。(陈子昂《登幽州台歌》)
(8) 仆士人，颇识古今理道，独怆怆如此。(柳宗元《与李翰林建书》)——仆，作者自称。

"哀"、"伤"都是"痛苦"、"悲伤"的意思，但"伤"侧重于表示悲伤的情绪，"哀"则侧重于表示痛苦的情态。例如：

(9) 女心伤悲，殆及公子同归。(《诗经·豳风·七月》)——殆，担心，害怕。公子，此处指奴隶主的儿子。
(10) 举手拍马鞍，嗟叹使心伤。(《玉台新咏·古诗为焦仲卿妻作》)
(11) 多情自古伤离别，更那堪冷落清秋节！(柳永《雨霖铃》)

（12）太子闻之，驰往，伏尸而哭，极哀。（《战国策·燕策三》）

（13）有妇人哭于墓者而哀。（《礼记·檀弓》）

"悲"概括的范围较大，可以表示"难过"、"伤感"、"痛苦"等意思。例如：

（14）不以物喜，不以己悲。（范仲淹《岳阳楼记》）

（15）莫等闲，白了少年头，空悲切！（岳飞《满江红》）

（16）因而化怒为悲。（《聊斋志异·促织》）

"痛"、"悼"多表示程度较深的"悲痛"、"痛苦"的心情。例如：

（17）吾每念，常痛于骨髓。（《战国策·燕策三》）

（18）寡人思念先君之意，常痛于心。（《史记·秦本纪》）

（19）静言思之，躬自悼矣。（《诗经·卫风·氓》）

（20）时宣城公李孝伯疾笃，传者以为卒也。帝闻而悼之。（《魏书·世祖纪》）

【辨析】

一、从语义轻重的程度来看，这一组词表示悲痛的程度顺序如下："悼"、"痛"—"哀"、"伤"、"悲"—"怆"、"悽"—"戚"。

二、"戚"、"怆"、"伤"、"痛"、"悼"一般只用来表示人们的心情、情态，"悲"、"哀"、"悽"还可以表示人们对外界事物的感受。例如：

（21）上有弦歌声，音响一何悲！（《古诗十九首·西北有高楼》）

（22）五更鼓角声悲壮，三峡星河影动摇。（杜甫《阁夜》）

（23）空谷传响，哀转久绝。（《水经注·江水》）

（24）人之善琴者，有悲心则声悽悽然。（《关尹子·极》）

三、这组词一般用于两方面，一是表示"痛苦"、"悲伤"的心情，一是表示"悲伤"、"痛苦"的情态、状态。"悼"、"伤"一般只用于第一种用法，其他几个兼有两种用法，但多用来形容哭泣、叹息、咏歌时的情态。

四、从词的形式来看,"戚"、"悽"、"怆"都有叠音形式,其他的词没有叠音形式。例如:

(25) 寻寻觅觅,冷冷清清,悽悽惨惨戚戚。(李清照《声声慢》)

恐 惧 畏

这一组词都可以表示"害怕"的意思。例如:

(1) 豕人立而啼,公惧。(《左传·庄公八年》)
(2) 内省不疚,夫何忧何惧?(《论语·颜渊》)
(3) 曰:"狗猛则酒何故而不售?"曰:"人畏焉。"(《韩非子·外储说右上》)
(4) 怪之可也,而畏之非也。(《荀子·天论》)
(5) 室如悬磬,野无青草,何恃而不恐?(《左传·僖公二十六年》)
(6) 是以不诱于利,不恐于诽。(《荀子·非十二子》)
(7) 太子丹恐惧。(《战国策·燕策三》)
(8) 贫穷则父母不子,富贵则亲戚畏惧。(《战国策·秦策一》)
(9) 凡人不病则不畏惧。(王充《论衡·订鬼》)

【辨析】

一、这一组虽然都表示"害怕",但它们概括的侧重点有所不同,因而表示出的害怕也就各有特点。

"恐"侧重于表示"惊怕",即又惊慌又害怕。例如:

(10) 或谓惠子曰:"庄子来,欲代子相。"于是惠子恐,搜于国中。(《庄子·秋水》)
(11) 星坠木鸣,国人皆恐。(《荀子·天论》)
(12)(虎)以为且噬己也,甚恐。(柳宗元《三戒·黔之驴》)
(13) 余方心动欲还,而大声发于水上,噌吰如钟鼓不绝,舟人大恐。(苏轼《石钟山记》)

"惧"侧重于表示害怕时胆怯的心理状态。例如:

（14）其赴百仞之谷不惧，似勇。（《荀子·宥坐》）

（15）彗星之出，庸可惧乎？（《晏子春秋·外篇第七》）

（16）（司马穰苴）问军正曰："驰三军法何？"正曰："当斩。"使者大惧。（《史记·司马穰苴列传》）

（17）屠惧，投以骨。（《聊斋志异·狼三则》）

"畏"侧重于表示"敬畏"，多为由地位、威力、情势而产生的畏惧心理。例如：

（18）予畏上帝。（《尚书·汤誓》）

（19）昔尧治天下，不赏而民劝，不罚而民畏。（《庄子·天地》）

（20）鲁虽有罪，其执事不避难，畏威而敬命矣。（《左传·昭公三年》）

（21）汉大臣皆故高帝时将，……特畏高帝、吕太后威耳。（《汉书·文帝纪》）

二、这一组词的语义轻重也略有区别。

"恐"、"惧"既可表示程度较深的害怕，也可以表示程度较轻的担心。例如：

（22）粮食尽，财力尽，士大夫羸病，吾恐不能守矣。（《韩非子·十过》）

（23）吴起惧得罪，遂去，即之楚。（《史记·孙子吴起列传》）

（24）学如不及，犹恐失之。（《论语·泰伯》）

"畏"表示的多为程度较深的畏惧，一般不表示程度较轻的担心。

三、这三个词的语法功能也有区别。一般来说，"畏"多用于及物用法，而且宾语多为名词性宾语。例如：

（25）民奉其君，……敬之如神明，畏之如雷霆。（《左传·襄公十四年》）

（26）朝廷之臣莫不畏王。（《战国策·齐策一》）

（27）以大事小者，乐天者也；以小事大者，畏天者也。（《孟子·梁惠王下》）

"恐"、"惧"多见为不及物用法。如果带宾语，多为动词性宾语。例如：

（28）吾恐季孙氏之忧不在颛臾，而在萧墙之内也。(《论语·季氏》)

（29）操蛇之神闻之，惧其不已也，告之于帝。(《列子·汤问》)

值得注意的是，"惧"有使动用法。"惧"作使动用法时，多带名词性宾语。例如：

（30）公执戈以惧之，乃走。(《左传·昭公二十五年》)

（31）若悍之以威，惧之以怒，民疾而叛，为之聚也。(《左传·昭公十三年》)

（32）民不畏死，奈何以死惧之？(《老子》)

"畏"、"恐"一般没有使动用法。

头部、上肢动作

视 看 见 睹（覩） 察 相 顾 瞻 观 览 望 眺 盼 窥 觇 睨

这组词都用来表示眼睛的动作，都有"视线接触人或事物"的意思，但意义上又各有侧重。

"视"、"看"一般是主动地使视线接触近处的人或事物。"看"的这个意义是中古以后才有的，多出现在诗词中。例如：

（1）窥镜自视，又弗如远甚。(《战国策·齐策一》)

（2）哙遂入，披帷西向立，瞋目视项王。(《史记·项羽本纪》)

（3）吾恂恂而起，视其缶，而吾蛇尚存，则弛然而卧。(柳宗元《捕蛇者说》)

（4）殷觊病困，看人政见半面。(《世说新语·规箴》)

(5) 晓看红湿处，花重锦官城。（杜甫《春夜喜雨》）

(6) 名花倾国两相欢，长得君王带笑看。（李白《清平调词》）

"见"、"睹"（覩）是外界的人或事物与视线相接触，有"看到了"的含义。例如：

(7) 王坐于堂上，有牵牛过于堂下者，王见之，曰："牛何之？"（《孟子·梁惠王上》）

(8) 寡人得见此人与之游，死不恨矣。（《史记·老子韩非列传》）

(9) 余在刑部狱，见死而由窦出者日三四人。（方苞《狱中杂记》）

(10) 今我睹子之难穷也。（《庄子·秋水》）

(11) 臣闻楚有七泽，尝见其一，未覩其余也。（司马相如《子虚赋》）

(12) 展玩不可晓，然睹促织，隐中胸怀。（《聊斋志异·促织》）

"察"、"相"都含有"仔细看"、"看得清楚"的意思，不过"察"的对象较广泛，多是无生物，而"相"多用于生物。用于人时侧重察看形体容色，以推断他的将来。例如：

(13) 明足以察秋毫之末，而不见舆薪。（《孟子·梁惠王上》）

(14) 微察公子，公子颜色愈和。（《史记·魏公子列传》）

(15) 徐而察之，则山下皆石穴罅，不知其浅深。（苏轼《石钟山记》）

(16) 故相形不如论心，论心不如择士。（《荀子·非相》）

(17) 谚曰："相马失之瘦，相士失之贫。"其此之谓邪？（《史记·滑稽列传》）

(18) 相君之面，不过封侯，又危不安。（《史记·淮阴侯列传》）

"顾"、"瞻"带有明显的方向性。例如：

(19) 瞻前而顾后兮，相观民之计极。（屈原《离骚》）

"顾"是回头看或四处看。例如：

(20) 乳母如其言，谢去，疾步数还顾。（《史记·滑稽列传》）

(21) 王顾左右而言他。(《孟子·梁惠王下》)
(22) 顾野有麦场,场主积薪其中,苫蔽成丘。(《聊斋志异·狼》)

"瞻"是往上或往前看。例如:

(23) 瞻彼日月,悠悠我思。(《诗经·邶风·雄雉》)
(24) 乃瞻衡宇,载欣载奔。(陶渊明《归去来兮辞》)
(25) 诸君而有意,瞻予马首可也。(《清稗类钞·冯婉贞胜英人于谢庄》)

"观"、"览"是带有目的地看,视线所及的范围较广,其对象多是较壮观或阔大的场面。例如:

(26) 三十三年春,秦师过周北门,……王孙满尚幼,观之。(《左传·僖公三十三年》)
(27) 于是乎周览泛观,缤纷轧芴,芒芒恍忽,视之无端,察之无涯,日出东沼,入乎西陂。(司马相如《上林赋》)
(28) 兹登泰山,周览东极。(《史记·秦始皇本纪》)
(29) 东临碣石,以观沧海。(曹操《观沧海》)
(30) 予观雁荡诸峰,皆峭拔险怪,上耸千尺,穹崖巨谷。(《梦溪笔谈·杂志》)
(31) 会当凌绝顶,一览众山小。(杜甫《望岳》)

有时表示带着欣赏的感情去看。例如:

(32) 耕者忘其犁,锄者忘其锄,来归相怨怒,但坐观罗敷。(《乐府诗集·相和歌辞·陌上桑》)
(33) 操军吏士皆出营立观,指言盖降。(《资治通鉴·汉献帝建安十三年》)
(34) 香远益清,亭亭净植,可远观而不可亵玩焉。(周敦颐《爱莲说》)
(35) 寻奇出后径,览胜倚前簷。(王安石《和平甫舟中望九华山》)

"望"、"眺"、"盼"都指向远处看。例如:

（36）自数十里外望之，碧峰峻然孤起。（陆游《入蜀记·过大孤山小孤山》）

（37）下盼诸峰，时出为碧峤，时没为银海，再眺山下，则日光晶晶，别一区宇也。（《徐霞客游记·游黄山后记》）

"望"多是从平面上或成俯仰角度的远看，故对象较广泛，而"眺"、"盼"多是往高远之处看，故多用于山峦。例如：

（38）流目眺夫衡阿兮……（张衡《思玄赋》）

（39）举目眺岖嵌。（谢灵运《登池上楼》）——岖嵌：高而险的峰峦。

（40）眺君褊之双峰，徒临风以增想。（《梁书·张缵传》）

"窥"、"觇"、"睨"侧重于方式或目的，又各有特点。

"窥"多指从小孔、缝隙或隐蔽处偷看。例如：

（41）一似管窥虎欤。（曹操《论吏士能行令》）

（42）所谓窥管以瞻天，缘木而求鱼也。（陆云《与陆典书》）

（43）虎见之，庞然大物也，以为神，蔽林间窥之。（柳宗元《三戒·黔之驴》）

"窥"还表示暗中察看，与"觇"相当。例如：

（44）不窥密，不旁狎，不戏色。（《礼记·少仪》）

（45）譬之宫墙，赐之墙也及肩，窥见室家之好。（《论语·子张》）

（46）其兄掩户而入觇之。（《淮南子·俶真训》）

（47）忽闻门外虫鸣，惊起觇视，虫宛然尚在。（《聊斋志异·促织》）

"觇"还表示为了某种目的而察看。例如：

（48）予更欲一觇北，归而求救国之策。（文天祥《指南录后序》）

（49）将献公堂，惴惴恐不当意，思试之斗以觇之。（《聊斋志异·促织》）

"睨"是使视线斜着接触人或事物，常"睥睨"（俾倪）连用。

有时带有鄙视、轻慢的意味。例如:

(50) 相如持其璧睨柱,欲以击柱。(《史记·廉颇蔺相如列传》)

(51) 尝射于家圃,有卖油翁释担而立,睨之,久而不去。(欧阳修《卖油翁》)

(52) 莫不左右睥睨而掩鼻。(《淮南子·修务训》)

(53) 侯生下,见其客朱亥,俾倪,故久立与其客语。(《史记·魏公子列传》)

【辨析】

一、这组词中,"视"、"见"的词义范围较大,适用对象也较广。"视"、"见"的区别主要表现在视线和对象的关系上。"视"是主动地看,侧重在具体的视觉行为;"见"是对象已被看到,侧重于视觉行为的结果。"视"有时只表示作出了看的动作,即睁着眼睛,但未必有"看到了"的意思,这时多与"见"、"睹"相对使用,例如:

(54) 心不在焉,视而不见。(《礼记·大学》)

(55) 静听不闻雷霆之声,熟视不睹泰山之形。(刘伶《酒德颂》)

由于这种区别,因而"见"常与"闻"对应,"视"常与"听"对应。例如:

(56) 君子之于禽兽也,见其生,不忍见其死;闻其声,不忍食其肉。(《孟子·梁惠王上》)

(57) 半壁见海日,空中闻天鸡。(李白《梦游天姥吟留别》)

(58) 且五方土音,乡俗好尚,习见习闻。(黄宗羲《柳敬亭传》)

(59) 抑为采色不足视于目与?声音不足听于耳与?(《孟子·梁惠王上》)

另外,由于"视"是主动地去看,因此一般不用于否定形式,而"见"则不受此限制。

(60) 既非挺地上,则为深谷林莽所蔽,故古人未见。(《梦溪笔谈·杂志》)

(61) 耶娘妻子走相送，尘埃不见咸阳桥。（杜甫《兵车行》）——"耶"即"爷"。

二、从意义侧重点上看（"视"、"见"见上），"顾"、"瞻"侧重于方向，"观"、"览"侧重于范围，"望"、"眺"、"盼"侧重于距离，"窥"、"觇"、"睨"侧重于方式或目的。

听 闻 聆

这组词都用来表示"耳朵感受声音"的意思。例如：

(1) 听其音，铮铮然有京都声。（白居易《琵琶行》）
(2) 忽闻水上琵琶声，主人忘归客不发。（白居易《琵琶行》）
(3) 镜纯粹之至精，聆清和之正声。（扬雄《剧秦美新》）

【辨析】

一、在听觉行为的方式上，这三个词各有特点。

"听"是主动地用耳朵去感知和辨别近处的声音。例如：

(4) 群臣以次上殿，召昌邑王伏前听诏。（《汉书·霍光传》）
(5) 其人视端容寂，若听茶声然。（魏学洢《核舟记》）
(6) 子幼从先生授经，汝差肩而坐，爱听古人节义事。（袁枚《祭妹文》）

"闻"是声音传入耳朵，有"听到了"的含义，声源的距离可远可近。例如：

(7) 不闻爷娘唤女声，但闻黄河流水鸣溅溅。（《乐府诗集·梁鼓角横吹曲·木兰诗》）
(8) 隔篁竹，闻水声，如鸣佩环，心乐之。（柳宗元《小石潭记》）
(9) 夜披衣坐，闻鸡鸣，即起盥栉，走马抵门。（宗臣《报刘一丈书》）

"聆"是侧耳细听，动作带有主动性，声源也较近。例如：

(10) 倾耳聆波澜，举目眺岖嵚。（谢灵运《登池上楼》）

(11) 得双石于潭上,扣而聆之,南声函胡,北音清越。(苏轼《石钟山记》)

从以上用例可见,"听"、"聆"都是主动地接受声音,侧重于动作的具体性;而"闻"是声音传入耳朵而被感受到,侧重于听觉行为的结果。这种区别在"听"和"闻"交替应用时,尤其明显。例如:

(12) 倾耳而听之,不可得而闻也。(《礼记·孔子闲居》)

(13) 起,听于廷,闻(李)愬军号令,应者近万人,始惧。(《资治通鉴·唐宪宗元和十二年》)

(14) 欧阳子方夜读书,闻有声自西南来者,悚然而听之,曰:"异哉!"(欧阳修《秋声赋》)

(15) 闻盗贼之名,则掩耳而不愿听。(苏轼《教战守策》)

二、从词义的强弱程度上看,"闻"比"听"强,是"听到了";"聆"也比"听"强,是"仔细听"。因而"听"常与"视"相应,而"闻"常与"见"相应。例如:

(16) 终日视之而不见,听之而不闻。(《庄子·知北游》)

(17) 泄于目,目见其形;泄于耳,耳闻其声。(王充《论衡·订鬼》)

三、从词义范围上看,"听"和"闻"也有所不同。"听"的本义是听觉器官感知和辨别声音,动作带有主动性,故"听"有"听从"、"听凭"、"听察"、"听政"等引申意义。各举例如下:

(18) 是以政成而民听。(《左传·桓公二年》)

(19) 买臣不能留,即听去。(《汉书·朱买臣传》)

(20) 以五声听狱讼,求民情:一曰辞听,二曰色听,三曰气听,四曰耳听,五曰目听。(《周礼·秋官·小司寇》)

(21) 子产听郑国之政。(《孟子·离娄下》)

"闻"的本义是下情上达,例如:

(22) 故令尹诛而楚奸不上闻。(《韩非子·五蠹》)

(23) 是故号令能下究,而臣情得上闻。(《淮南子·主术训》)

所以"闻"有"传布"、"听说"、"名声传扬"等引申意义。各举例如下：

（24）夫疾呼不过闻百步。(《淮南子·主术训》)

（25）赵惠文王时，得楚和氏璧，秦昭王闻之。(《史记·廉颇蔺相如列传》)

（26）故西门豹为邺令，名闻天下，泽流后世。(《史记·滑稽列传》)

四、在词语搭配上，"闻"可以用于否定形式，表示"听不到"或"没听说"；"听"、"聆"是主动地接受声音，因此没有这种用法。例如：

（27）旦辞黄河去，暮至黑山头，不闻爹娘唤女声，但闻燕山胡骑鸣啾啾。(《乐府诗集·梁鼓角横吹曲·木兰诗》)

（28）仲尼之徒无道桓文之事者，是以后世无传焉，臣未之闻也。(《孟子·梁惠王上》)

（29）"微独赵，诸侯有在者乎？"曰："老妇不闻也。"(《战国策·赵策四》)

"听"用于否定形式时，是"不听从"、"不接受"的意思。例如：

（30）魏王畏秦，终不听公子。(《史记·魏公子列传》)

（31）寡人以五百里之地易安陵，安陵君不听寡人，何也？(《战国策·魏策四》)

另外，"闻"可与"所"构成"所闻"的"所"字结构，而"听"一般不和"所"结合。例如：

（32）蹇叔曰："劳师以袭远，非所闻也。"(《左传·僖公三十二年》)

食　餐（湌）　啖（啗、噉）　喫

这一组词都可以表示"人或动物咀嚼吞咽食物"这一类动作。

食　餐(湌)　啖(啗、噉)　喫

例如：

（1）鸡、豚、狗、彘之畜，无失其时，七十者可以食肉矣。（《孟子·梁惠王上》）

（2）命士少休，食干糇，整羁靮。（《资治通鉴·唐宪宗元和十二年》）

（3）彼君子兮，不素餐兮。（《诗经·魏风·伐檀》）

（4）草木不可餐，饥饮零露浆。（李白《北上行》）

（5）时座上有健啖客，貌甚寝。（魏禧《大铁椎传》）

（6）（罗友）答曰："友闻白羊肉美，一生未曾得喫。"（《世说新语·任诞》）

（7）但使残年饱喫饭。（杜甫《病后遇王倚饮赠歌》）

【辨析】

一、这一组词中，"食"表示一般的"吃"，使用的范围较大，可以用于人，也可以用于动物。"啖"虽然也可用于人和动物，但一般多表示"大吃"。"餐"、"喫"一般多用于人。例如：

（8）硕鼠硕鼠，无食我黍！（《诗经·魏风·硕鼠》）

（9）（焦）谌虽暴抗，然闻言则大愧流汗，不能食。（柳宗元《段太尉逸事状》）

（10）樊哙复其盾于地，加彘肩上，拔剑切而啖之。（《史记·项羽本纪》）

（11）大之于小，强之于弱，犹石之投卵，虎之啗豚。（《淮南子·人间训》）

（12）朝饮木兰之坠露兮，夕餐秋菊之落英。（屈原《离骚》）

（13）壮志饥餐胡虏肉，笑谈渴饮匈奴血。（岳飞《满江红》）

（14）临歧意颇切，对酒不能喫。（杜甫《送（李）校书二十六韵》）

（15）状元试三场，一生喫著不尽。（魏泰《东轩笔录》）——著：穿戴。

二、从组配关系来看，"食"、"啖"、"餐"能够组配的词语的范围要大一些，但一般多同表示"固体食物"的词语搭配，尤其是"餐"，常常同"饮"对举连用，意义更明显。而"啖"多用于食用瓜果或果脯。例如：

（16）孔子侍坐于鲁哀公，公赐桃与黍。孔子先食黍而后啖桃，可谓得食序也。（《论衡·自纪》）

（17）楚庄王时，有所爱马，衣以文绣，置之华屋之下，席以露床，啖以枣脯。（《史记·滑稽列传》）

（18）瓜车反覆，助我者少，啖瓜者多。（《乐府诗集·相和歌辞·孤儿行》）

（19）日啖荔枝三百颗，不辞长作岭南人。（苏轼《惠州一绝》）

"喫"既可同表示固体食物的词组配，也可以同表示液体饮料的词语（如：酒、茶）搭配，但使用上不及"食"、"啖"多。

言 曰 云 语 谓 诉 述 说

这一组词都是表示言语行为的词，共同的意义是"发出话语"。

"言"、"曰"、"云"都泛指一般的"说"，相当于现代汉语的"说"、"说道"。例如：

（1）妻乃引刀趋机而言……（《后汉书·列女传·乐羊子妻》）

（2）自言本是京城女，家在虾蟆陵下住。（白居易《琵琶行》）

（3）已得履，乃曰："吾忘持度。"（《韩非子·外储说左上》）

（4）子曰："学而时习之，不亦说乎？"（《论语·学而》）

（5）当其时，巫行视小家女好者，云："是当为河伯妇。"即聘取。（《史记·滑稽列传》）

（6）自云先世避秦时乱……遂与外人间隔。（陶渊明《桃花源记》）

"语"、"谓"是"对别人说"、"告诉"的意思。例如：

（7）挟太山以超北海，语人曰："我不能"，是诚不能也。（《孟子·梁惠王上》）

(8) 沛公今事有急，亡去不义，不可不语。(《史记·项羽本纪》)
(9) 太后明谓左右："有复言令长安君为质者，老妇必唾其面！"(《战国策·赵策四》)
(10) 豹视之，顾谓三老、巫祝、父老曰：……(《史记·滑稽列传》)

"诉"多用来表示"有感情地说"，而且往往表示"因为不愉快的事情而进行诉说"。例如：

(11) 天下之欲疾其君者，皆欲赴愬于王。(《孟子·梁惠王上》)——愬：同"诉"。
(12) 弦弦掩抑声声思，似诉平生不得志。(白居易《琵琶行》)
(13) 既而将诉于舅姑，舅姑爱其子，不能御。(李朝威《柳毅传》)

"述"、"说"指的是"大段地"、"较有条理地叙述"。例如：

(14) 或叩以往事，一一详述之。(方苞《狱中杂记》)
(15) 成述其异，宰不信。(《聊斋志异·促织》)
(16) 低眉信手续续弹，说尽心中无限事。(白居易《琵琶行》)
(17) 及郡下，诣太守，说如此。(陶渊明《桃花源记》)

【辨析】

在这一组词里，"言"、"云"、"曰"意义较接近。"语"、"谓"意义较相近。"诉"、"述"、"说"较相近。

"言"、"云"、"曰"都具有提示功能，表明跟在它们后面的成分就是说出的话或话语的内容。但"言"、"云"同"曰"又有所区别。一般说来，"曰"的后面大多是说的话（书面上用引号"……"括住），"言"、"云"的后面可以是说的话，也可以是话语的内容，如例（2）、例（7）。有时"言"、"云"的后面也可以不出现话语成分，如"不知所言"、"不知所云"等说法。

"语"、"谓"在使用范围上有一定区别。"谓"一般多用于上对下说话，"语"多用于平级之间。此外，"谓"的后面多出现话语成分，"语"的后面则可出现可不出现，这是它们在语法功能上的区别。

"诉"同"述"、"说"的区别在于"诉"具有一定的感情色彩，而且"诉"的内容也多为不愉快的事情，因而使用的范围较窄。"述"比"说"的条理性要更强一些。这三个词多用于下对上说话。

问 叩 讯 诘 质 询 访 咨(諮)

这组词都可表示向别人提出问题，要求回答。与"对"、"应"、"答"、"告"等相对。

"问"、"叩"都表示有疑而问。"问"常带具体的问话。例如：

(1) (曹刿)乃入见。问："何以战？"(《左传·庄公十年》)

(2) 缇骑按剑而前，问："谁为哀者？"(张溥《五人墓碑记》)

"问"不带问话时，跟"叩"相接近。例如：

(3) 既克，公问其故。(《左传·庄公十年》)

(4) 余叩所以。(方苞《狱中杂记》)

(5) 使君遣吏往，问是谁家姝。(《乐府诗集·相和歌辞·陌上桑》)

(6) 叩之寺僧，则史可法也。(方苞《左忠毅公逸事》)

(7) 古之圣人，其出入也远矣，犹且从师而问焉。(韩愈《师说》)

(8) 又患无硕师名人与游，尝趋百里外从乡之先达执经叩问。(宋濂《送东阳马生序》)

"讯"、"诘"、"质"也指向人提问，但在意义上各有侧重。

"讯"多用于查证与司法案件有关的情况，含有"审问"的意思。例如：

(9) 今臣尽忠竭诚，毕议愿知，左右不明，卒从吏讯，为世所疑。(《汉书·邹阳传》)

(10) 余同逮以木讯者三人。(方苞《狱中杂记》)

"诘"、"质"都含有"追问"的意思；但"诘"侧重于追究责

任,"质"侧重于考证是非。例如:

(11) 走马踏杀人,街吏不敢诘。(聂夷中《公子行》)

(12) 主者口呿舌挢,终不敢诘。(方苞《狱中杂记》)

(13) 爰质所疑。(《太玄·数》)

(14) 余立侍左右,援疑质理,俯身倾耳以请。(宋濂《送东阳马生序》)

"询"、"访"、"咨(諮)"多指就某个事情向别人征求意见,含有"询问"、"请教"的意义。

(15) 先民有言,询于刍荛。(《诗经·大雅·板》)——刍荛:割草打柴的人。

(16) 询于老成,验之行事。(贾思勰《齐民要术序》)

(17) 穆公访诸蹇叔。(《左传·僖公三十二年》)

(18) (先帝)三顾臣于草庐之中,咨臣以当世之道。(诸葛亮《出师表》)

(19) 朝廷每有灾异疑议,辄諮问之。(《后汉书·赵典传》)

【辨析】

一、在词义范围上,"问"的覆盖面较广,除表示提问外,还可表示"审问"或"查问"。例如:

(20) 每得降卒,必亲引问委曲,由是贼中险易远近虚实尽知之。(《资治通鉴·唐宪宗元和十二年》)

(21) 府佐快其所为,阴纵之,不问。(高启《书博鸡者事》)

还可以和"讯"连用,表示"打听"。例如:

(22) 村中闻有此人,咸来问讯。(陶渊明《桃花源记》)

(23) 幸可广问讯,不得便相许。(《玉台新咏·古诗为焦仲卿妻作》)

二、从感情色彩上看,"讯"、"诘"、"质"有强求对方作答的意思,而"询"、"访"、"咨"则有尊重对方的意思。另外,从适用对象上看,"讯"、"诘"多用于有罪行、过错或有嫌疑的人,而"询"、"访"、"咨"多用于有智谋或有经验的人。

对 应 答 复

这组词都有"回答"、"答复"的意思。与"问"、"叩"、"询"等相对。

"对"、"应"、"答"都可以表示就对方的问话给以回答,后面常带"曰"字及具体的答语。例如:

(1) 秦王怫然怒,谓唐雎曰:"公亦尝闻天子之怒乎?"唐雎对曰:"臣未尝闻也。"(《战国策·魏策四》)

(2) 君望毅而问曰:"岂非人间之人乎?"毅对曰:"然"。(李朝威《柳毅传》)

(3) 及至绵惙已极,阿奶问望兄归否,强应曰:"诺。"(袁枚《祭妹文》)

(4) (先主)因屏人曰:"……然志犹未已,君谓计将安出?"亮答曰:"自董卓以来,豪杰并起……"(《三国志·蜀志·诸葛亮传》)

"对"、"应"有时并不是回答问题,只是接着前一个人的话说,含有对前一个人的话作出反应的意思。例如:

(5) 公曰:"衣食所安,弗敢专也,必以分人。"对曰:"小惠未徧,民弗从也。"(《左传·庄公十年》)

(6) (陈涉)怅恨久之,曰:"苟富贵,无相忘。"佣者笑而应曰:"若为佣耕,何富贵也?"(《史记·陈涉世家》)

"对"、"应"、"答"不带具体答语时,多表现为否定形式,含有不能够或不给予答复的意思。例如:

(7) 暴见于王,王语暴以好乐,暴未有以对也。(《孟子·梁惠王下》)

(8) 北山愚公长息曰:"……而山不加增,何苦而不平?"河曲智叟无以应。(《列子·汤问》)

(9) 南宫适问于孔子……夫子不答。(《尚书·顾命》)

"复"多用于就对方提出的意见或要求给以答复。例如：

(10) 王辞而不复。(《史记·司马相如列传》)

(11) 或遇其叱咄，色愈恭，礼愈至，不敢出一言以复。(宋濂《送东阳马生序》)

【辨析】

一、"对"、"应"、"答"多用于就对方的问话给以回答，"复"多用于就对方提出的意见或要求给以答复。

二、在适用对象上，这组词各有特点。

"对"多用于臣子回答君主的问话。例如：

(12) 文惠君曰："嘻，善哉！技盖至此乎？"庖丁释刀对曰："臣之所好者，道也，进乎技矣。"(《庄子·养生主》)

"对"有时也用于一般人之间，但带有尊卑色彩。例如：

(13) 毅诘之曰："子何苦而自辱如是？"妇始楚而谢，终泣而对曰："贱妾不幸，今日见辱问于长者。"(李朝威《柳毅传》)

"应"、"答"多用于一般人之间。例如：

(14) 阿母谓阿女："汝可去应之。"阿女含泪答："兰芝初来时，府吏见丁宁，结誓不别离。"(《玉台新咏·古诗为焦仲卿妻作》)

诋 毁 诽 谤 诬 谗

这组词都可表示"编造谎言坏话来攻击陷害别人"这一类行为，同表示"赞誉"意义的词相对。例如：

(1) (庄子)作《渔父》、《盗跖》、《胠箧》以诋訿孔子之徒。(《史记·老子韩非列传》)——诋：骂。

(2) 吾之于人也，谁毁谁誉？(《论语·卫灵公》)

(3) 我未见得诽而喜，闻誉而惧者。(邵博《邵氏闻见后录》)

(4) 信而见疑，忠而被谤。(《史记·屈原贾生列传》)

(5) 诬陷良善，淫刑滥罚，以逞非理。(《后汉书·史弼传》)

(6) 荃不察余之中情兮，反信谗而齌怒。(屈原《离骚》)

【辨析】

一、在行为方式上，这组词各有特点。

"诋"是"用言辞贬低或用罪名构陷"的意思。例如：

（7）而刀笔吏专深文巧诋，陷人于罪。（《史记·汲黯列传》）——深文：罪名深重的法律条文。

（8）刘季绪才不能逮于作者，而好诋诃文章。（曹植《与杨祖德书》）——诃：贬斥。

（9）足下诋诮希文为人。（欧阳修《与高司谏书》）

"毁"用于"攻击别人的缺点、短处"。例如：

（10）好面誉人者，亦好背而毁之。（《庄子·盗跖》）

（11）夏侯章每言，未尝不毁孟尝君也。（《战国策·齐策三》）

（12）（吕壹、秦博）毁短大臣，排陷无辜。（《三国志·吴志·顾雍传》）

"诽"多表示"因心中不满而埋怨、攻击别人。例如：

（13）离世异俗，高论怨诽。（《庄子·刻意》）

（14）至于怨诽之多，则固前知其如此也。（王安石《答司马谏议书》）

"谤"多表示"用言语攻击、诬蔑别人"。例如：

（15）正臣端其操行兮，反离谤而见攘。（《楚辞·七谏·沉江》）——离：同"罹"，遭受。见攘：被排斥。

（16）是故事修而谤兴，德高而毁来。（韩愈《原毁》）

"诬"是"编造谎言或捏造罪名攻击、陷害别人"。这是后起意义。《说文》："加言曰诬。""加言"就是没有事实根据的虚言假语。《庄子·秋水》："然且语而不舍，非愚则诬也。"后来才有诬陷的意义。例如：

（17）诬善之人其辞游。（《周易·系辞下》）

（18）其顽钝无耻者，率为（秦）桧用，争以诬陷善类为功。（《宋史·秦桧传》）

"谗"是"说别人坏话，攻击别人的缺点、错处"的意思。

例如：

（19）无罪无辜，谗口嚣嚣。（《诗经·小雅·十月之交》）
（20）好言人之恶谓之谗。（《庄子·渔父》）
（21）阉竖恐终为其患，遂共谗之。（《后汉书·张衡传》）

二、从适用对象上看，"诋"既可以表示"攻击"、"贬低"人，也可以用于物（主要是文章学问），其他词都用于人。在用于人时，"诋"、"毁"的适用范围较广，可用于一般人，也可用于朝廷官员，或是犯罪之人，"诽"、"谤"、"诬"、"谗"多用于对正直善良之人。

三、从词义的形式上看，"诽"、"谤"的古今意义有较大区别。"谤"在上古只是背后议论或批评别人的短处，不是贬义。《战国策·齐策一》："群臣吏民，能面刺寡人之过者，受上赏；上书谏寡人者，受中赏；能谤讥于市朝，闻寡人之耳者，受下赏。""谤"是公然的评议，"讥"是委婉地讽刺，都不是恶意的攻击。《国语·周语上》中"厉王虐，国人谤王。"《说文》："诽，谤也。""诽"在上古和"谤"的意思相同，从"诽谤"连用的例子可以看出这一点。例如：

（22）尧置敢谏之鼓，舜立诽谤之木。（《淮南子·主术训》）
（23）退诽谤之人，杀直谏之士，是以道谀偷合苟容。（《汉书·贾山传》）

对有过失的人进行议论是批评，对没有过失的人进行议论就是毁谤了。这是应该认清的。例如：

（24）离毁辱之诽谤。（《史记·乐毅列传》）

四、从词义轻重上看，"诽"是"抱怨"、"埋怨"之意，程度最轻；"谗"、"毁"是"说别人坏话"，程度稍重；"谤"是"恶语中伤"，较前者为重；"诬"是"用不实之词诬蔑陷害"，程度最重；"诋"的程度有轻有重，轻时相近于"毁"，重时相当于"诬"。

持 执 把 操 秉 捉 握 援

这一组词都可以表示"用手拿着"这一动作。例如：

(1) 寡君乏使，使（栾）鍼御持矛，是以不得犒从者。(《左传·成公十六年》)

(2) 擐甲执兵，固即死也。(《左传·成公二年》)

(3) 汤自把钺以伐昆吾。(《史记·殷本纪》)

(4) 犹未能操刀使割也。(《左传·襄公三十一年》)

(5) 武王载旆，有虔秉钺。(《诗经·商颂·长发》)

(6) 魏武将见匈奴使，自以形陋，不足雄远国，使崔季珪代，帝自捉刀立床头。(《世说新语·容止》)

(7) （娇娜）把钏握刃，附根轻轻割下。(《聊斋志异·娇娜》)

(8) 援玉枹兮击鸣鼓。(《楚辞·九歌·国殇》)

【辨析】

这一组词的区别主要表现在它们的语义侧重点和使用范围上。

"持"的本义是"扶持"的意思，引申为用手拿着物体时，侧重于表示"用手把东西拿稳，保持平衡、稳定"。例如：

(9) 庄子持竿不顾。(《庄子·秋水》)

(10) 一人蛇先成，引酒且饮之，乃左手持卮，右手画蛇曰："吾能为之足。"(《战国策·齐策二》)

(11) 相如持其璧睨柱，欲以击柱。(《史记·廉颇蔺相如列传》)

(12) 屠乃奔倚其下，弛担持刀，狼不敢前。(《聊斋志异·狼三则》)

"执"的本义是捕捉罪人，引申为用手拿着物体，侧重于表示"拿紧、拿牢"。例如：

(13) 文子执戈逐之。(《左传·成公十六年》)

(14) 能执干戈以卫社稷，可无殇也。(《左传·哀公十一年》)

(15) 童子隅坐而执烛。(《礼记·檀弓上》)

"秉"的古文字字形是一手拿禾（禾谷），引申为用手拿着东西，多表示用一只手拿着有把柄的东西。例如：

(16) 王左杖黄钺，右秉白旄。(《尚书·牧誓》)

(17) 左手执籥，右手秉翟。(《诗经·邶风·简兮》)

(18) 右手秉遗穗，左臂悬敝筐。(白居易《观刈麦》)

(19) 公因秉烛待旦，方悟鬼物皆卜人遣之。(《聊斋志异·妖术》)

"把"和"秉"是从同一意义演变来的两个词，因而"把"和"秉"意义很接近，但表示的"拿"不限于一只手，拿的东西也不限于有柄之物。例如：

(20) 臣左手把其袖，右手揕其胸。(《战国策·燕策三》)

(21) 若见鬼把椎锁绳纆，立守其旁。(王充《论衡·订鬼》)

(22) 手把文书口称敕。(白居易《卖炭翁》)

"操"表示的"拿"有移动性。移动性表现在两个方面：一是"操"表示的"拿"有舞动的意味。例如：

(23) 操吴戈兮被犀甲。(《楚辞·九歌·国殇》)

(24) 拔剑，剑长，操其室。(《战国策·燕策三》)

(25) 操刀挟盾，猱进鸷击。(《清稗类钞·冯婉贞胜英人于谢庄》)

二是"操"表示的"拿"包含着"携带"的意义成分。例如：

(26) 有献不死之药于荆王者，谒者操以入。(《战国策·楚策四》)

(27) 苟息操璧牵马而报。(《吕氏春秋·权勋》)

(28) （张）良问曰："大王来何操？"曰："我持白璧一双，欲献项王；玉斗一双，欲与亚父。"(《史记·项羽本纪》)

"握"、"捉"表示用手拿东西时，侧重于"用手把东西抓住或握在手中"，两个词的意义非常接近。例如：

(29) 燕王私握臣手，曰："愿结友。"(《史记·廉颇蔺相如列传》)

(30) 孙权捉（宗）预手涕泣而别。(《三国志·蜀志·宗预传》)

(31) 叔武将沐，闻君至，喜，捉发走出。(《左传·僖公二十八年》)

(32) 一沐三握发，后世称圣贤。(曹植《君子行》)

"握"和"捉"的区别是："握"的对象较小，强调握在手里，"捉"则侧重于"拿住"、"抓住"。例如：

(33) 握粟出卜。(《诗经·小雅·节南山》)

(34) 怀瑾握瑜兮，穷不知所示。(《楚辞·九章·怀沙》)

(35) 捉笔赋诗。(《新唐书·杨师道传》)

(36) 公捉剑起，急击之。(《聊斋志异·妖术》)

"援"表示的"拿"有趋向性，多表示"拿过来"、"拿起来"等意思。例如：

(37) (郤克) 左并辔，右援枹而鼓。(《左传·成公二年》)

(38) 一人虽听之，一心以为有鸿鹄将至，思援弓缴而射之。(《孟子·告子上》)

(39) 二郎援笔立判。(《聊斋志异·席方平》)

在这一组词中，"持"、"执"两个词的组配能力较强，使用范围也较大。当这两个词用于泛指时，意义就等于现代汉语的"拿着"。例如：

(40) 然臣之弟子禽滑厘等三百人，已持臣守圉之器，在宋城上而待楚寇矣。(《墨子·公输》)

(41) (沛公) 与樊哙……等四人持剑盾步走。(《史记·项羽本纪》)

(42) 余人悉持兵器，夹门而伏。(《后汉书·班超传》)

(43) 雨雪，王皮冠，……执鞭以出。(《左传·昭公十二年》)

(44) 执手相看泪眼，竟无语凝噎。(柳永《雨霖铃》)

(45) 乃强起扶杖，执图诣寺后。(《聊斋志异·促织》)

另外"把酒"是一个习惯性搭配，这是其他的词所没有的。例如：

(46) 明月几时有？把酒问青天。(苏轼《水调歌头》)

(47) 东篱把酒黄昏后，有暗香盈袖。(李清照《醉花阴》)

投　掷　提

这一组词都表示"把东西向一定的目标或地方扔、抛"这一类动作。例如：

(1) 今有难，无他端而欲赴秦军，譬若以肉投馁虎，何功之有哉？(《史记·魏公子列传》)

(2) 因摸地上刑械作投击势。(方苞《左忠毅公逸事》)

(3) (吕布)尝小失(董)卓意，卓拔手戟掷之，布拳捷得免。(《后汉书·吕布传》)——拳捷：强健而敏捷。

(4) 少间，帘内掷一纸出。(《聊斋志异·促织》)

(5) 侍臣夏无且以所奉药囊提轲。(《战国策·燕策三》)

(6) 博鸡者直前捽下提殴之。(高启《书博鸡者事》)

【辨析】

在表示"投击"这一意义上，这三个词几乎没有什么区别。有时可以互相替换。例如：

(7) 里谚曰："欲投鼠而忌器。"此善谕也。(《汉书·贾谊传》)

(8) 贾谊所谓掷鼠忌器，盖谓此也。(《后汉书·孔融传》)

(9) 荆轲废，乃引其匕首提秦王。(《战国策·燕策三》)

(10) 荆轲废，乃引其匕首擿秦王。(《史记·刺客列传》)——擿："掷"的异体字。

它们之间的区别有以下几点：

一、"掷"、"提"的动作对象多为器物，"投"的动作对象除了器物之外，还可以是人。例如：

(11) 有过于江上者，见人方引婴儿而欲投之江中。(《吕氏春秋·察今》)

(12) 复投一弟子河中。凡投三弟子。(《史记·滑稽列传》)

二、"掷"、"提"一般多为手部的投掷动作，而"投"的动作

部位不仅限于手部。例如:

(13) 即使吏卒共抱大巫妪投之河中。(《史记·滑稽列传》)

三、"投"还表示"投给"的意思,"掷"、"提"一般不具有这一意义。例如:

(14) 投我以木桃,报之以琼瑶。(《诗经·卫风·木瓜》)

(15) 屠惧,投以骨。(《聊斋志异·狼三则》)

四、"投"还可以表示动作者自己"投向"、"投入"某一地方,"掷"、"提"很少有这种用法。例如:

(16) 于是怀石,遂自投汨罗而死。(《史记·屈原贾生列传》)

(17) 与之扑斗,何异以孤羊投群狼?(《清稗类钞·冯婉贞胜英人于谢庄》)

成语有"自投罗网"。

"投"使用的范围较大,频率也较高,组合能力也较强,"掷"次之,"提"使用较少。

行走 起居

行 步 趋 走 奔

这是一组表示腿脚动作的类义词。

"行"和"步"表示的是较慢的行走,相当于现代汉语中的"走"表示的动作。例如:

(1) 人有亡铁者,意其邻之子,视其行步,窃铁也。(《吕氏春秋·去尤》)——铁:通"斧"。

(2) 渔人甚异之。复前行,欲穷其林。(陶渊明《桃花源记》)

(3) (华)佗行道,见一人病咽塞。(《三国志·魏志·方技传》)

(4) 夫子步亦步，夫子趋亦趋。(《庄子·田子方》)

(5) 老臣今者殊不欲食，乃自强步，日三四里。(《战国策·赵策四》)

"走"是步子较大、速度很快的行走，相当于现代汉语的"跑"。例如：

(6) 君子力如牛，不与牛争力；走如马，不与马争走。(《荀子·尧问》)

(7) 老臣病足，曾不能疾走。(《战国策·赵策四》)

"趋"是步子较小，但频率较快的行走，速度比"走"慢，但比"行"、"步"快。例如：

(8) 孔子下，欲与之言。趋而辟之，不得与之言。(《论语·微子》)——辟：同避。

(9) 其子趋而往视之，苗则尽槁矣。(《孟子·公孙丑上》)

"奔"是大步跑。例如：

(10) 郑穆公见之，乃恐惧奔。(《墨子·明鬼下》)

(11) 屠乃奔倚其下，弛担持刀。(《聊斋志异·狼三则》)

【辨析】

一、《释名·释姿容》："徐行曰步，疾行曰趋，疾趋曰走。"这一组词所表示的行走的速度是："奔"最快，"走"次之，"趋"又次之，"行"、"步"最慢。

二、这一组词表示的动作也各有特点。

"行"、"步"表示的行走较从容，例如：

(12) 赵简子上羊肠之坂，群臣皆偏袒推车，而虎会独担戟行歌不推车。(《新序·杂事》)——行歌：边走边唱。

(13) （张）良尝闲从容步游下邳圯上。(《史记·留侯世家》)——圯：桥。

成语有"安步当车"。

"趋"表示的行走较连续紧凑。例如：

(14) 史噤不敢发声，趋而出。(方苞《左忠毅公逸事》)

"走"表示的行走较紧张急迫。例如：

（15）明月而宵行，俯见其影，以为伏鬼也；卬视其发，以为立魅也；背而走，比至其家，失气而死。（《荀子·解蔽》）——卬：同仰。

（16）录毕，走送之，不敢稍逾约。（宋濂《送东阳马生序》）

"奔"表示的动作幅度大，而且有跳跃性。例如：

（17）门者答揖，（客）大喜奔出。（宗臣《报刘一丈书》）

三、这一组词中，"行"概括的范围较大，可以泛指"身体移动"，因此，"行"的动作部位不限于腿脚。例如：

（18）嫂蛇行匍伏，四拜自跪而谢。（《战国策·秦策一》）

（20）于是天子乃按辔徐行。（《史记·绛侯周勃世家》）

渡　涉　济

这组词都有"从水上经过"的意思。例如：

（1）秦兵旦暮渡易水，则虽欲长侍足下，岂可得哉？（《战国策·燕策三》）

（2）楚人有涉江者，其剑自舟中坠于水。（《吕氏春秋·察今》）

（3）哀南夷之莫吾知兮，旦余济乎江湘。（《楚辞·九章·涉江》）

【辨析】

一、从意义形成上看，"涉"本来指徒步（不凭借船舶）过水。《诗经·邶风·匏有苦叶》："济有深涉。"《传》："由膝以上为涉。"

（4）斮朝涉之胫，剖贤人之心。（《尚书·泰誓下》）

（5）澭水暴溢，荆人弗知，循表而夜涉，溺死者千有余人。（《吕氏春秋·察今》）

后泛指渡水。例如：

（6）惟郢路之辽远兮，江与夏之不可涉。（《楚辞·九章·哀郢》）

(7) 至于晋而问之,则曰:"晋师已亥涉河也。"(《吕氏春秋·慎行》)

二、从词义概括的对象上看,"渡"侧重于由这一岸到那一岸,后面常有表水名的词语。例如:

(8) 欲渡黄河冰塞川,将登太行雪满山。(李白《行路难》)

(9) 出北海,然后渡扬子江,入苏州洋。(文天祥《指南录后序》)

"涉"是泛指从水上经过。例如:

(10) 以小舟涉鲸波,出无可奈何,而死固付之度外矣。(文天祥《指南录后序》)

"济"侧重于已经到达彼岸。例如:

(11) 秦伯伐晋,济河焚舟。(《左传·文公三年》)

(12) 长风破浪会有时,直挂云帆济沧海。(李白《行路难》)

三、在意义范围上,"涉"较宽泛,有时不一定单指从水面经过,还含有"跋涉"的意思。例如:

(13) 驱中国士众远涉江湖之间,不习水土,必生疾病。(《资治通鉴·汉献帝建安十三年》)

(14) 念君久不归,濡迹涉江湘。(陆机《门有车马客行》)

之 适 如 往 赴 去

这一组词都有"到某地(处)去"的意思。例如:

(1) 十一月,沛公引兵之薛。(《汉书·高帝纪》)

(2) 子适卫,冉有仆。(《论语·子路》)

(3) (楚怀王)使使如秦受地。(《史记·屈原贾生列传》)

(4) 太守即遣人随其往,寻向所志。(陶渊明《桃花源记》)

(5) 则连有赴东海而死矣,吾不忍为之民也。(《战国策·赵策三》)

(6) 一为迁客去长沙,西望长安不见家。(李白《与史郎中钦听

黄鹤楼上吹笛》)

【辨析】

一、从意义形成上看,"之"、"适"、"如"、"往"的本义就是"到……去",它们常可相对而用。例如:

(7) 芒乎何之?忽乎何适?(《庄子·天下》)

(8) 田骈如薛,而孙卿适楚。(《盐铁论·论儒》)

而"赴"的本义是"奔向",所涉及的处所也不像"之"、"适"、"如"那样多指具体的地名,而常是战场、水火等凶险的地方。如:

(9) 若赴水火,入焉焦没耳。(《荀子·议兵》)

(10)(公子)乃请宾客,约车骑百余乘,欲以客往赴秦军,与赵俱死。(《史记·魏公子列传》)

(11) 捐躯赴国难,视死忽如归。(曹植《白马篇》)

也有泛指奔向的,如:

(12) 归鸟赴乔林,翩翩厉羽翼。(曹植《赠白马王彪》)

(13) 群山万壑赴荆门。(杜甫《咏怀古迹》)

(14) 绍兴辛亥春三月,复赴越,壬子,又赴杭。(李清照《金石录后序》)

"去"的本义是"离开某地"。它在上古的意思同"之"、"适"、"如"等正好相反,例如:"阳虎去齐走赵"(《韩非子·外储说左下》)是说阳虎离开齐国跑到赵国去。中古以后,"去"才有了"到某地去"的意思。这是必须注意的。

二、从搭配能力上看,"之"、"如"、"往"可和"所"构成表示处所的"所"字结构。如:

(15) 雷霆乍惊、宫车过也;辘辘远听,杳不知其所之也。(杜牧《阿房宫赋》)

(16) 诸将请所之,愬曰:"入蔡州取吴元济。"(《资治通鉴·唐宪宗元和十二年》)

(17) 入溆浦余儃佪兮,迷不知吾所如。(《楚辞·九章·涉江》)

（18）纵一苇之所如，凌万顷之茫然。（苏轼《前赤壁赋》）
（19）大夫有所往，必与公士为宾也。（《礼记·玉藻》）
（20）怒索儿，儿渺然不知所往。（《聊斋志异·促织》）

而"赴"、"去"不大有这种用法。

另外，"往"、"去"常常和"来"、"反（返）"、"还"同现或合成，形成意义上的相对，构成偏义复词。例如：

（21）昔我往矣，杨柳依依；今我来思，雨雪霏霏。（《诗经·小雅·采薇》）
（22）荆轲怒，叱太子曰："今日往而不反者，竖子也！"（《战国策·燕策三》）
（23）又前而为歌曰："风萧萧兮易水寒，壮士一去兮不复还！"（《战国策·燕策三》）
（24）前者呼，后者应，伛偻提携，往来而不绝者，滁人游也。（欧阳修《醉翁亭记》）
（25）俶尔远逝，往来翕忽，似与游者相乐。（柳宗元《小石潭记》）
（26）去来江口守空船，绕船明月江水寒。（白居易《琵琶行》）

另外，"往"的后面可直接带"也"、"矣"等语气词，而"之"、"适"、"如"等不能直接带语气词。

三、从表义功能上看，"之"、"适"、"如"都可以带处所词做宾语表目的地，有时和表起点的"自"配合，侧重于自某地到某地去。例如：

（27）有为神农之言者许行，自楚之滕。（《孟子·许行》）
（28）元丰七年六月丁丑，余自齐安舟行适临汝。（苏轼《石钟山记》）

而"往"在上古时不带宾语，有时后接行为动词，表示前往的目的。例如：

（29）邻人京城氏之孀妻有遗男，始龀，跳往助之。（《列子·汤问》）

(30) 公子闻之,往请,欲厚遗之。(《史记·魏公子列传》)

中古以后,"往"才可以带宾语。例如:

(31) 士生于世,使其中不自得,将何往而非病?(苏轼《黄州快哉亭记》)

(32) 逆夷又往三元里及萧岗各乡。(《广东军务记·三元里抗英》)

"赴"在上古可带处所宾语,也可后接行为动词表示前往的目的。例如:

(33) 乃令敦率步骑六千,度江赴救。(《周书·贺若敦传》)

(34) 天下之欲疾其君者,皆欲赴愬于王。(《孟子·梁惠王上》)

由于"赴"的本义是奔向,因此"赴"在表义上程度较重,有快速的含义,如"万里赴戎机,关山度若飞。"(《乐府诗集·梁鼓角横吹曲·木兰诗》) 相比较而言,其他几个词则程度较轻,因而在表示快速时,需要借助别的词语。例如:

(35) 项伯乃夜驰之沛公军。(《史记·项羽本纪》)

(36) 太子闻之,驰往,伏尸而哭,极哀。(《战国策·燕策三》)

(37) 忽闻客大呼曰:"吾去矣。"尘滚滚东向驰去。(魏禧《大铁椎传》)

"去"后面也可接行为动词,表示"去"的目的。如:

(38) 良吉三十日,今已二十七,卿可去成婚。(《玉台新咏·古诗为焦仲卿妻作》)

(39) 一人去为市,一人卧,植刃道上。(柳宗元《童区寄传》)

(40) 休去倚危栏,斜阳正在,烟柳断肠处。(辛弃疾《摸鱼儿》)

四、由于这组词都有"到某处去"的意义,因此可以概括为具有"前往"的意义,从这一点上说,"行"、"趋"也有较接近于这组词的用法。例如:

(41) 廉颇蔺相如计曰:"王不行,示赵弱且怯也。"赵王遂行,相如从。(《史记·廉颇蔺相如列传》)

(42) 于是辞相印不拜,翌日,以资政殿学士行。(文天祥《指南录后序》)

(43) 又患无硕师名人与游,尝趋百里外从乡之先达执经叩问。(宋濂《送东阳马生序》)

(44) 脱京口,趋真州、扬州、高邮、泰州、通州,为一卷。(文天祥《指南录后序》)

例(44)在用法上,就同"之"的用例很接近。如:

(45) 由是之扬,之杭,之金陵,名达于缙绅间。(黄宗羲《柳敬亭传》)

而在实际运用中,也有将"行"、"趋"与这组词合用的例子。如:

(46) 未几,贾余庆等以祈请使诣北,北驱予并往,而不在使者之目,予分当引决,然而隐忍以行。(文天祥《指南录后序》)

(47) 去京口,挟匕首以备不测,……如扬州,过瓜洲扬子桥,……夜趋高邮,迷失道,……(文天祥《指南录后序》)

需要注意的是,"行"、"趋"的这种意义,是意义的引申所致,与上述几个词的本义用法或基本用法是不能相提并论的。

抵 到 及 至 达

这组词都可表示"到达(空间的)终点"的意义,与表示"起始"意义的词语相对。例如:

(1) 始皇欲游天下,道九原,直抵甘泉。(《史记·蒙恬列传》)——甘泉:秦时林光宫,故址在今陕西淳化西北甘泉山。

(2) 今君到楚而受象床,所未至之国,将何以待君?(《战国策·齐策三》)

(3) 及滑,郑商人弦高将市于周,遇之。(《左传·僖公三十三年》)

(4) 骠骑将军踰居延至祁连山,捕首虏甚多。(《史记·卫将军

骠骑列传》)

(5) 为我达扬州。(李白《秋浦歌》)

【辨析】

一、从词义概括的范围上看,"抵"有自起点直接到达终点的含义,前面常加上"直"字。例如:

(6) 可以乘其虚直抵其城。(《资治通鉴·唐宪宗元和十二年》)

(7) 夜披衣坐,闻鸡鸣,即起盥栉,走马抵门。(宗臣《报刘一丈书》)

"到"、"及"相近,都表示到达终点或某一地点。例如:

(8) 权即遣肃行。到夏口,闻操已向荆州。(《资治通鉴·汉献帝建安十三年》)

(9) 似投石井中,非到底不止。(《旧唐书·李渤传》)

(10) 及郡下,诣太守,说如此。(陶渊明《桃花源记》)

(11) 及里城,亦然。(《资治通鉴·唐宪宗元和十二年》)

"至"多与"自"相搭配,表示从起点到终点;单用时,也可表示中途的某一地点。例如:

(12) 南朝自武昌至京口,列置烽燧,此山当是其一也。(陆游《入蜀记·过大孤山小孤山》)

(13) 余以乾隆三十九年十二月自京师乘风雪历齐河长清,穿泰山西北谷,越长城之限,至于泰安。(姚鼐《登泰山记》)

(14) 至易水上,既祖,取道。(《战国策·燕策三》)

"达"的词义范围较宽,与"到"、"及"相近,也可表示"直达",与"抵"相近。如:

(15) 吾与汝毕力平险,指通豫南,达于汉阴,可乎?(《列子·汤问》)

(16) 历数险处,遂达峰顶。(《徐霞客游记·游黄山后记》)

二、从语法功能上看,"到"、"至"、"达"可以不带处所宾语。例如:

(17)(吕)蒙到,二郡皆服。(《三国志·吴志·吴主传》)

（18）陈孔奂、蔡公孙归生至。曹、许之大夫皆至。(《左传·襄公二十七年》)

（19）武夫揭水指路，引毅以进，谓毅曰："当闭目，数息可达矣。"(李朝威《柳毅传》)

"抵"和"及"则较少这种用法。

停 留 淹 滞 止 泊

这组词都有"停止在某个地方"的意思，与"行"、"进"的意义相对。例如：

（1）卿疹源如此，朕欲相停。(《北史·长孙幼传》)

（2）魏王恐，使人止晋鄙，留军壁邺。(《史记·魏公子列传》)

（3）船容与而不进兮，淹回水而凝滞。(《楚辞·九章·涉江》)

（4）国中有大鸟，止王之庭。(《史记·滑稽列传》)

（5）时夜风雨晦冥，船人尽惑，莫知所泊。(《三国志·魏志·管宁传》注引《傅子》)

【辨析】

一、这一组词较明显的区别在于停留时间的长、短。"淹"、"滞"表示停止状态的持续，时间较长。例如：

（6）吾子淹久于敝邑，唯是脯资饩牵竭矣。(《左传·僖公三十三年》)

（7）舟凝滞于水滨，车逶迟于山侧。(江淹《别赋》)

其他几个词，比如"停"、"留"，表示的时间较短，若表示时间较长时，常后接时间词。例如：

（8）停数日，辞去。(陶渊明《桃花源记》)

（9）南登琅邪，心乐之，留三月。(《史记·秦始皇本纪》)

二、在词义概括的对象上，"停"、"留"侧重于行进过程中暂停；"淹"、"滞"侧重于某一地点上的停止；"止"、"泊"表示在行进过程中停止在某一预设点上，而"泊"又多指停船靠岸。例如：

(10) 停车坐爱枫林晚，霜叶红于二月花。（杜牧《山行》）
(11) 留二日，维扬帅下逐客之令。（文天祥《指南录后序》）
(12) 几宵因月滞三湘。（姚鹄《送黄颇归袁》）
(13) 舟止，从其所契者入水求之。（《吕氏春秋·察今》）
(14) 复从峡度栈以上，止文殊院。（《徐霞客游记·游黄山后记》）
(15) 烟笼寒水月笼沙，夜泊秦淮近酒家。（杜牧《泊秦淮》）
(16) 泊沙夹浦，水亦甚清。（陆游《入蜀记·过大孤山小孤山》）

三、在用法上，"停"、"留"多后接表示时间的词语，而其他几个词则多后接表示处所的词语。

居 住 寓 宿 舍 栖

这组词都有"在某个地方住下来"的意思，与"迁"、"移"意义相对。例如：

(1) 北山愚公者，年且九十，面山而居。（《列子·汤问》）
(2) 自言本是京城女，家在虾蟆陵下住。（白居易《琵琶行》）
(3) 二贵酋名曰馆伴，夜则以兵围所寓舍，而予不得归矣。（文天祥《指南录后序》）
(4) 平明发兮苍梧，夕投宿兮石城。（《楚辞·九叹·逢纷》）
(5) 舍相如广成传舍。（《史记·廉颇蔺相如列传》）
(6) 越王勾践栖于会稽之上。（《国语·越语上》）

【辨析】

一、从词义概括的对象上看，"居"、"住"多用于指住在家乡。例如：

(7) 同居长干里，两小无嫌猜。（李白《长干行》）
(8) 君家何处住？妾住在横塘。（崔颢《长干曲》）

"寓"指住在客店、宾馆之类的临时住所，或指寄居他人门下。例如：

(9) 寓逆旅主人，日再食，无鲜肥滋味之享。(宋濂《送东阳马生序》)

(10) 君径造袁所寓之法华寺。(梁启超《戊戌政变记·谭嗣同传》)

(11) 何为舍其家室而托寓也。(《墨子·非儒下》)

(12) 刘备天下枭雄，与操有隙，寄寓于表。(《资治通鉴·汉献帝建安十三年》)

"宿"、"舍"一般指不在自己家过夜。例如：

(13) 俱邀侠客芙蓉剑，共宿娼家桃李蹊。(卢照邻《长安古意》)

(14) 出，驾而宿于朝房，旬乃还第。(崔铣《记王忠肃公翱三事》)

(15) 夫子出于山，舍于故人之家。(《庄子·山木》)

(16) 历天又入海，六龙所舍安在哉！(李白《日出入行》)

此外"宿"还用于在野外或露天里过夜。例如：

(17) 旦辞爷娘去，暮宿黄河边。(《乐府诗集·梁鼓角横吹曲·木兰诗》)

(18) 草行露宿，日与北骑相出没于长淮间。(文天祥《指南录后序》)

"栖"也指暂时住下来，又多用以强调存身之处。例如：

(19) 吾将安栖？(李白《万愤词投魏郎中》)

(20) 厅旁一室，为吾与汝双栖之所。(林觉民《与妻书》)

二、从词义表示的动作行为的时量上看，"居"、"住"表示较长时期住在某一地方。例如：

(21) 自吾氏三世居是乡。积于今六十岁矣。(柳宗元《捕蛇者说》)

(22) 芋老人者，慈水祝渡人也，子佣出，独与妪居渡口。(周容《芋老人传》)

(23) 我从去年辞帝京，谪居卧病浔阳城。……住近湓城地低

湿,黄芦苦竹绕宅生。(白居易《琵琶行》)

(24) 斜阳草树,寻常巷陌,人道寄奴曾住。(辛弃疾《永遇乐·京口北固亭怀古》)

"寓"、"宿"、"舍"、"栖"表示较短时期的留住。不过,"居"、"住"有时也指留住较短时间。例如:

(25) 五载客蜀鄙,一年居梓州。(杜甫《去蜀》)
(26) 权牵小船于岸上住。(《南齐书·张融传》)

寐 睡 眠 寝 卧

这组词都可以表示"进入睡眠状态",即"睡觉"的意思,与"觉"、"寤"等相对。例如:

(1) 人皆寐,则盲者不知。(《韩非子·六反》)
(2) 童微伺其睡,以缚背刃,力下上,得绝,因取刀杀之。(柳宗元《童区寄传》)
(3) 春眠不觉晓,处处闻啼鸟。(孟浩然《春晓》)
(4) 宰予昼寝。(《论语·公冶长》)
(5) 昼日则鬼见,暮卧则梦闻。(《论衡·订鬼》)

【辨析】

一、从方式上看,"寐"、"寝"、"眠"多指在床上睡。例如:

(6) 寤寐无为,辗转伏枕。(《诗经·陈风·泽陂》)
(7) 今敌国深侵,邦内骚动,……君寝不安席,食不甘味。(《史记·司马穰苴列传》)
(8) 夕殿萤飞思悄然,孤灯挑尽未成眠。(白居易《长恨歌》)

"睡"在中古以前指坐着打瞌睡。例如:

(9) 苏秦读书欲睡,引锥自刺其股。(《战国策·秦策一》)
(10) 卫鞅语事良久,孝公时时睡,弗听。(《史记·商君列传》)

后来也用于不脱衣服作短暂睡眠(小睡)或打瞌睡。例如:

(11) 将吏披介胄而睡。(贾谊《治安策》)

（12）酒困路长惟欲睡，日高人渴漫思茶。（苏轼《浣溪沙》）

中古以后，"睡"也指在床上睡着了，已接近"寐"。例如：

（13）众雏烂漫睡，唤起沾盘餐。（杜甫《彭衙行》）

（14）子灿寐而醒，客则鼾睡炕上矣。（魏禧《大铁椎传》）

"卧"可指在床上睡，也可指靠着几（一种矮桌子）睡。例如：

（15）无楚、韩之患，则大王高枕而卧，国必无忧矣。（《战国策·魏策一》）

（16）坐而言，不应，隐几而卧。（《孟子·公孙丑下》）

（17）庑下一生伏案卧，文方草成。（方苞《左忠毅公逸事》）

二、从程度上看，"寐"、"眠"、"睡"侧重于睡着了，因而前面多可以加上表示程度或状态的词语，如"守门牢方熟寐，尽杀之。"（《资治通鉴·唐宪宗元和十二年》）又如"鼾睡"、"烂漫睡"等。而"寝"、"卧"还可以指没有进入睡眠状态，意义侧重于"躺下（着）"。例如：

（18）寡人夜者寝而不寐。（《公羊传·僖公二年》）

（19）暮寝而思之。（《战国策·齐策一》）

（20）夜阑卧听风雨声，铁马冰河入梦来。（陆游《十一月四日风雨大作》）

因此"寝"、"卧"前面一般没有表示程度的修饰语。

三、从词义范围上看，"寝"、"卧"还可以指病人躺在床上，"寐"、"睡"、"眠"没有这种意义。例如：

（21）故得病寝衽，畏惧鬼至。（《论衡·订鬼》）

（22）君常寝病。（《后汉书·宋均传》）

（23）融立性贪暴，志欲无限，见之惋叹，不觉生疾。还家，卧三日不起。（杨衒之《洛阳伽蓝记·王子坊》）

（24）我从去年辞帝京，谪居卧病浔阳城。（白居易《琵琶行》）

寤(悟) 觉 醒

这组词都有"结束睡眠状态",即"睡醒"的意思,与"寐"、"睡"、"眠"等相对。例如:

(1) 东郭先生闻之曰:"北宫子之寐久矣,一言而能寤,易悟也哉!"(《列子·力命》)

(2) 适有卧魔不悟者。(王充《论衡·问孔》)

(3) 云鬓半偏新睡觉,花冠不整下堂来。(白居易《长恨歌》)

(4) 忽忽峡中睡,悲风方一醒。(杜甫《奉酬薛十二丈判官见赠》)

【辨析】

一、从意义形成上看,"醒"表示"睡醒"的意义是后起的,是由"酒醉后清醒"的意义转移而来的。例如:

(5) 姜与子犯谋,醉而遣之。醒,以戈逐子犯。(《左传·僖公二十三年》)

(6) 不如醉里风吹尽,可忍醒时雨打稀。(杜甫《三绝》)

而"寤"、"觉"的本义即是"睡醒"。《说文》:"寤,觉而有言曰寤。"例如:

(7) 居二日半,简子寤。语大夫曰:"我之帝所甚乐,与百神游于钧天……"(《史记·赵世家》)

又《说文》:"觉,寤也。"《一切经音义》:"觉,寤也,谓眠而后觉也。"

二、从词义的概括对象上看,"寤"、"觉"多用于从睡梦中惊醒或自然醒来。例如:

(8) 须臾客去,予亦就睡。梦一道士,羽衣蹁跹,……道士顾笑,予亦惊寤。(苏轼《后赤壁赋》)

(9) 晋侯梦大厉,……公觉,召桑田巫。(《左传·成公十年》)

(10) 忽魂悸以魄动,怳惊起而长嗟。惟觉时之枕席,失向来之

烟霞。(李白《梦游天姥吟留别》)

"觉"还表示由于外部原因使得睡眠状态中断。例如：

(11) 遥闻深巷中犬吠，便有妇人惊觉欠伸。(林嗣环《秋声诗自序》)

"醒"多表示自然地睡醒。例如：

(12) 烦促瘴岂侵，颓倚睡未醒。(杜甫《早发》)

(13) 子灿寤而醒。(魏禧《大铁椎传》)

三、从词义范围上看，"寤"、"醒"都可以表示"清醒"，即从酒醉、昏迷状态中恢复正常知觉。例如：

(14) 若醉而新寤。(《盐铁论·忧边》)

(15) 秦穆公立，病卧五日不寤。(《史记·封禅书》)

(16) 众人皆醉而我独醒。(《史记·屈原贾生列传》)

(17) 醉能同其乐，醒能述以文者，太守也。(欧阳修《醉翁亭记》)

"觉"没有这种意义。

四、从意义的相对上看，"寤"多和"寐"相对，"觉"多和"梦"相对，"醒"多和"醉"相对。例如：

(18) 窈窕淑女，寤寐求之。(《诗经·周南·关雎》)

(19) 匠石觉而诊其梦。(《庄子·人间世》)

(20) 一士常独醉，一夫终年醒。(陶渊明《饮酒》)

薨 崩 卒 死 没 终 丧 毙

这组词都表示"生命终结"的意思，与"生"、"活"相对。其中有的反映了奴隶社会和封建社会里严格的等级制度。例如：

(1) 天子死曰崩，诸侯死曰薨，大夫死曰卒，士曰不禄，庶人曰死。(《礼记·曲礼》)

(2) 凡丧，二品以上称薨，五品以上称卒，自六品达于庶人称死。(《唐书·百官志》)

【辨析】

这组词的主要区别在于适用对象的不同。

"崩"、"薨"是严格地用于诸侯或帝王的。例如：

(3) 周烈王崩。(《战国策·赵策三》)

(4) 先帝知臣谨慎，故临崩寄臣以大事也。(诸葛亮《出师表》)

(5) 昭王薨，安釐王即位，封公子为信陵君。(《史记·魏公子列传》)

"卒"、"死"、"没"则不甚严格，适用对象较宽泛，上至帝王，下至百姓，都可运用。例如：

(6) 冬，晋文公卒。(《左传·僖公三十二年》)

(7) 鲁肃闻刘表卒。(《资治通鉴·汉献帝建安十三年》)

(8) (张衡)年六十二，永和四年卒。(《后汉书·张衡传》)

(9) 入门闻号咷，幼子饥已卒。(杜甫《自京赴奉先县咏怀》)

(10) (怀王)复之秦，竟死于秦而归葬。(《史记·屈原贾生列传》)

(11) 且壮士不死则已，死则举大名耳。(《史记·陈涉世家》)

(12) 今之县令，一日身死，子孙累世絜驾，故人重之。(《韩非子·五蠹》)

(13) 始皇既没，余威震于殊俗。(贾谊《过秦论上》)

(14) 父在观其志，父没观其行。(《论语·学而》)

"终"、"丧"则是泛指生命终结。例如：

(15) 世言晋王之将终也，以三矢赐庄宗而告之。(《新五代史·伶官传序》)

(16) 寻程氏妹丧于武昌。(陶渊明《归去来兮辞序》)

"毙"的本义是倒下去，意义重在因疲乏或伤痍倒下去。《左传·定公八年》："颜高夺人弱弓，籍丘、子鉏击之，与人俱毙，偃，且射子鉏。"颜高"与人俱毙"以后还能够"且射子鉏"，可见他没有死。如果倒下再起不来了，即是死了。后由"倒下去"引申出"死"义，例如：

（17）六日，公至。毒而献之。公祭之地，地坟；与犬，犬毙；与小臣，小臣亦毙。（《左传·僖公四年》）

后来"毙"多用于贬义，所以其对象较多用于动物。例如：

（18）屠暴起，以刀劈狼首，又数刀毙之。（《聊斋志异·狼三则》）

（19）及扑入手，（虫）已股落腹裂，斯须就毙。（《聊斋志异·促织》）

另外，与其他词相比，"死"的适用范围最大，不仅用于人时可对各种身份，而且也可用于动物或植物。例如：

（20）君子之于禽兽也，见其生，不忍见其死。（《孟子·梁惠王上》）

（21）（蛇）触草木，（草木）尽死。（柳宗元《捕蛇者说》）

社会活动

见 朝 拜 谒 召

这是一组表示行为的类义词，共同的意义是"会见"。

"见"的基本意义是"见面"。例如：

（1）遂辞平原君而去，终身不复见。（《战国策·赵策三》）

（2）惠子相梁，庄子往见之。（《庄子·秋水》）

"朝"的意思是"朝见"。例如：

（3）徐偃王处汉东，地方五百里，行仁义，割地而朝者三十有六国。（《韩非子·五蠹》）

（4）强国请服，弱国入朝。（贾谊《过秦论上》）

"拜"、"谒"的意思是"拜见"。例如：

(5) 孔子时其亡也而往拜之。(《论语·阳货》)——时：通"伺"，窥探。

(6) 洞房昨夜停红烛，待晓堂前拜舅姑。(朱庆馀《闺意献张水部》)

(7) 上至，相国谒。(《史记·萧相国世家》)

(8) (韩信)欲谒上，恐见禽。(《史记·淮阴侯列传》)——见禽：被擒。

"召"是"召见"的意思。例如：

(9) 适会召问，便以此指推言(李)陵之功。(司马迁《报任安书》)——指：通"旨"，意旨。

(10) (韩信)召辱己之少年令出裤下者，以为楚中尉。(《史记·淮阴侯列传》)

【辨析】

一、这组词的意义各有侧重点，因而它们各自的义域也不尽相同。

"见"的义域最大，它既可表示（上）"召见"、"接见"(下)，也可以表示（下）"朝见"、"拜见"(上)，也可以表示平级之间的"相见"。例如：

(11) (楚王)于是见公输盘。(《墨子·公输》)

(12) 秦王坐章台见相如。(《史记·廉颇蔺相如列传》)

(13) 何客之勤也！岂有相公此时出见客乎？(宗臣《报刘一丈书》)

以上是上见下的例子。

(14) 左师触龙言愿见太后，太后盛气而揖之。(《战国策·赵策四》)

(15) 客持头往见楚王，王大喜。(干宝《搜神记》)

(16) 归来见天子，天子坐明堂。(《乐府诗集·梁鼓角横吹曲·木兰诗》)

以上是下见上的例子。

(17) 若阙地及泉，隧而相见，其谁曰不然？(《左传·隐公元年》)

(18) 子墨子闻之，起于鲁，行十日十夜而至于郢，见公输盘。(《墨子·公输》)

(19) 项伯乃夜驰之沛公军，私见张良。(《史记·项羽本纪》)

以上表示平级之间的相见。

"朝"、"拜"、"谒"一般用于下见上。

"朝"多用于朝见天子、君王。例如：

(20) (赵盾) 盛服将朝。(《左传·宣公二年》)

(21) 昔齐威王尝为仁义矣，率天下诸侯而朝周。周贫且微，诸侯莫朝，而齐独朝之。(《战国策·赵策三》)

(22) 王入朝太后还，乘辇欲归温室。(《汉书·霍光传》)——温室：指温室殿。

"拜"多用于晚辈见长辈。例如：

(23) 府吏还家去，上堂拜阿母。(《玉台新咏·古诗为焦仲卿妻作》)

(24) 妾身未分明，何以拜姑嫜。(杜甫《新婚别》)

(25) 召入，使拜夫人。(方苞《左忠毅公逸事》)

"谒"多用于下级见上级。例如：

(26) 齐景公游少海，传骑从中来谒。(《韩非子·外储说左上》)——中：此处指国中，即国都中。

(27) 居一二日，(萧) 何来谒上，上且喜且怒。(《史记·淮阴侯列传》)

(28) 毅不告其实，曰："走谒大王耳。"(李朝威《柳毅传》)

"召"多表示上主动地让下来见。例如：

(29) 赵王悉召群臣议。(《史记·廉颇蔺相如列传》)

(30) 于是王欲召 (韩) 信拜之。(《史记·淮阴侯列传》)

(31) (焦令) 谌盛怒召农者曰："我畏段某耶？何敢言我？"(柳

宗元《段太尉逸事状》)

二、这一组词都有及物用法,后面可带宾语,表示会见的对象。这是其语法功能的相同处。其中"见"、"朝"还有使动用法,宾语表示"见"、"朝"行为的主体,这是应该注意的。例如:

(32) 子墨子曰:"胡不见我于王?"(《墨子·公输》)——见我于王:让我拜见楚王。

(33) 东国有鲁连先生,其人在此,胜请为绍介而见之于将军。(《战国策·赵策三》)——胜:即平原君。见之于将军:让他谒见将军。

(34) 然则王之所大欲可知已:欲辟土地,朝秦楚,莅中国而抚四夷。(《孟子·梁惠王上》)——朝秦楚:使秦国、楚国来朝见。

(35) 然秦以区区之地,致万乘之势,序八州而朝同列,百有余年矣。(贾谊《过秦论上》)——朝同列:让六国诸侯来朝见。同列,指六国诸侯。

辞 谢 别 离 诀(决、抉)

这一组词都可以表示"分别"、"辞别"的意思,同表示"相见"、"相会"意义的词相对。例如:

(1)(鲁仲连)遂辞平原君而去,终身不复见。(《战国策·赵策三》)

(2) 侯生视公子色终不变,乃谢客就车。(《史记·魏公子列传》)

(3) 天明登前程,独与老翁别。(杜甫《石壕吏》)

(4) 谁能摹暂离之状,写永诀之情者乎?(江淹《别赋》)

(5) 廉颇送至境,与王诀曰:"……三十日不还,则请立太子为王,以绝秦望。"(《史记·廉颇蔺相如列传》)

【辨析】

一、从语义侧重点来看,"辞"、"诀"、"谢"侧重于指"告别"。例如：

(6) 沛公曰："今者出，未辞也，为之奈何？"(《史记·项羽本纪》)

(7) 一曰，辞宋将军曰："……吾去矣！"(魏禧《大铁椎传》)

(8) (李)陵因泣下沾衿，与(苏)武决去。(《汉书·李广苏建传》)

(9) 因之出寥廓，挥手谢公卿。(李白《留别金陵崔侍御》)

"别"、"离"侧重于指"分别"，两个词常常连用。例如：

(10) 与君离别意，同是宦游人。(王勃《送杜少府之任蜀州》)

(11) 商人重利轻别离，前月浮梁买茶去。(白居易《琵琶行》)

二、从词义轻重和感情色彩来看，"辞"的词义较轻，感情色彩不浓。"谢"含有"恭敬"、"珍重"的意味，词义稍重。例如：

(12) 惟人间兮重别，谢主人兮依然。(江淹《别赋》)

"别"、"离"含有"凄凉"、"忧伤"的意味，例如：

(13) 黯然销魂者，唯别而已矣。(江淹《别赋》)

(14) 生人作死别，恨恨那可论。(《玉台新咏·古诗为焦仲卿妻作》)

(15) 多情自古伤离别，更那堪冷落清秋节。(柳永《雨霖铃》)

(16) 啼到春归无寻处，苦恨芳菲都歇。算未抵人间离别！(辛弃疾《贺新郎》)

"诀"则含有悲壮的色彩，词义最重。例如：

(17) 割慈忍爱，离邦去里。沥泣共诀，抆血相视。(江淹《别赋》)

(18) 至如一赴绝国，讵相见期？视乔木兮故里，决北梁兮永辞。(江淹《别赋》)

三、从使用上来看，"别"、"辞"使用较广泛，可以用来指多种"分别"、"告别"(亲友之别、将士之别、主客之别等等)。例如：

(19) 攀桃李兮不忍别，送爱子兮沾罗裙。(江淹《别赋》)

(20) 别君去兮何时还？(李白《梦游天姥吟留别》)

（21）旦辞爷娘去，暮至黑山头。（《乐府诗集·梁鼓角横吹曲·木兰诗》）

（22）更长门，翠辇辞金阙。（辛弃疾《贺新郎》）

"诀"多用来指"长别"和"生死之别"。"辞"、"决"连用，也可以表示"诀别"。例如：

（23）公子与侯生决。至军，侯生果北向自刭。（《史记·魏公子列传》）

（24）已予先一日梦汝来诀，心知不祥。（袁枚《祭妹文》）

（25）今太子迟之，请辞决矣！（《战国策·燕策三》）

（26）见侯生，具告所以欲死秦军状，辞决而行。（《史记·魏公子列传》）。

"谢"多用于主客之别和朋友之别。"谢"和"离"的使用都较少。

予 与 畀(bì) 付 授 赋 给

这组词都有"给予"的意义，同表示"接受"意义的词相对。

"予"、"与"的意义侧重在"给予"。在这个意义上，它们极其相近。在赐予的意义上，"予"、"与"实同一词。（王力《同源字典》）在实际运用中也常见混用不分的情形。例如：

（1）知伯说，又令人请地于魏。宣子欲勿与，赵葭谏曰："彼请地于韩，韩与之。今请地于魏，魏弗与……如勿予，其措兵于魏必矣，不如予之。"（《韩非子·十过》）

二者在适用对象上也颇多相似之处。例如：

（2）乃立三丈之木于国都市南门，募民有能徙置北门者予十金。（《史记·商君列传》）

（3）廉颇之仇郭开多与使者金，令毁之。（《史记·廉颇蔺相如列传》）

（4）秦亦不以城予赵，赵亦终不予秦璧。（《史记·廉颇蔺相如

列传》)

(5) 我持白璧一双，欲献项王，玉斗一双，欲与亚父。(《史记·项羽本纪》)

"畀"和"予"、"与"也较接近。例如：

(6) 君子来朝，何锡予之？(《诗经·小雅·采菽》)

(7) 彼姝者子，何以畀之？(《诗经·鄘风·干旄》)

(8) 君将食，骊姬跪曰："食自外来者，不可不试也。"……以脯与犬，犬死。(《谷梁传·僖公十年》)

(9) 取彼谮人，投畀豺虎。(《诗经·小雅·巷伯》)

不过，在适用范围上，"畀"不及"予"、"与"广。

"付"有"交给"、"付予"的含义。例如：

(10) 皇天既付中国民越厥疆土于先王，肆王惟德用。(《尚书·梓材》)

(11) 事发，(刘)师知下北狱赐死，(王)暹、(殷)不佞并付治。(《陈书·到中举传》)——付治：交给（司法机构）治罪。

(12) 诘旦，以仲仙别后诗词付生，情极悲怆。(吴骞《扶风传信录》)

"授"原来也是"给予"的意思，但和"付"较接近，有"授给"的含义，故后来多用于上对下。例如：

(13) 男女授受不亲，礼也。(《孟子·离娄上》)

(14) 书以封，……未授使者。(《史记·秦始皇本纪》)

(15) 时有宦人密侍君者，君以书授之，命达宫中。(李朝威《柳毅传》)

(16) 公拆袄，出珠授之，封识宛然。(崔铣《记王忠肃公翱三事》)

"赋"多用来表示上对下的"分给"、"发给"。例如：

(17) 出高库之兵以赋民。(《吕氏春秋·分职》)

(18) 田非冢茔，皆以赋贫民。(《汉书·哀帝纪》)

(19) 三公、卿大夫、吏民为百姓困乏献其田宅者二百三十人，以口赋贫民。(《汉书·平帝纪》)——以口：按人口。

"给"是"供给"、"供应"的意思。例如：

(20) 孟尝君使人给其食用，无使乏。(《战国策·齐策四》)
(21) 贡之不入，寡君之罪也，敢不共给。(《左传·僖公四年》)
(22) 不治产业，常艾薪樵卖以给食。(《汉书·朱买臣传》)

后来多用于朝廷供给军队或地方的需用。例如：

(23) 郡置输官以相给运。(《盐铁论·本议》)
(24) 镇国家，抚百姓，给馈饷，吾不如萧何。(《汉书·高祖纪》)——馈饷：军队的粮饷。
(25) 朝廷不暇给，辛苦无半年。(李商隐《行次西郊作一百韵》)

【辨析】

一、这组词的主要区别在于义域方面，每个词各有其意义的侧重点。就词义范围来看，"予"、"与"较广，常和"付"、"授"交替或结合使用。例如：

(26) 为我予之邑，今日必授，无逆命矣。(《国语·鲁语上》)
(27) 国以功授官予爵。(《商君书·靳令》)
(28) 恋树经花飞不起，愁无际，和春付与东流水。(朱服《渔家傲·东阳郡斋作》)

二、在动作行为的施受对象上，"予"、"与"多用于平级间的给予，如例(5)中对项王言"献"，对亚父言"与"。又例如：

(29) 怀王使屈原造为宪令，屈平属草稿未定，上官大夫见而欲夺之，屈平不与。(《史记·屈原贾生列传》)
(30) 子孙视之不甚惜，举以予人，如弃草芥。(苏洵《六国论》)

另外，还可用于要求别人把东西给予自己。例如方苞《狱中杂记》中的用例：

(31) 余同逮以木讯者三人，一人予二十金，骨微伤，……胥谓某曰："予我千金，吾生若。"(前一个"予"是给别人，后一个是要求别人予自己。)

"畀"、"付"可用于上对下。例如:

(32) 分曹卫之田以畀宋人。(《左传·僖公二十八年》)

(33) 皇天用训厥道,付畀四方。(《尚书·康诰》)

(34) 天既全付予有家,今传次在余。(韩愈《平淮西碑》)

"授"、"赋"、"给"也可用于上对下,用例见上。

三、在动作行为涉及的内容上,"予"、"与"的适用范围较广,"畀"、"付"则较狭,"授"多用于书信礼物,"赋"多用于田产职俸。例如《韩非子·八奸》:"赋禄者称其功。""给"多用于给予食物和用品。

赠 贻 馈(餽) 遗(wèi) 赂 赏

这一组词都可以表示"赠送"的意思,同表示"接受"意义的词相对。例如:

(1) 宋襄公赠之以马二十乘。(《左传·僖公二十三年》)

(2) 夫人使馈之锦与马。(《左传·襄公二十六年》)

(3) 自牧归荑,洵美且异。匪女之为美,美人之贻。(《诗经·邶风·静女》)——归:通"馈"。匪:通"非"。女(rǔ):你,这是指"荑"(初生的茅草)。

(4) 前日于齐,王馈兼金一百而不受,于宋,馈七十镒而受,于薛,馈五十镒而受。(《孟子·公孙丑下》)

(5) 吾尝好音,此人遗我鸣琴;吾好佩,此人遗我玉环。(《韩非子·说林下》)

(6) 齐王闻之,君臣恐惧,遣太傅赍(孟尝君)黄金千斤。(《战国策·齐策四》)

(7) (宋督)以郜大鼎赂(庄)公。(《左传·桓公二年》)

【辨析】

这一组词的主要区别表现在它们的义域上,而这种义域上的区别主要通过动作行为的受事（即赠送的物品）来反映。下面分别说明。

"赠"和"贻"的本义都是把玩好之物送给别人，后来扩大泛指赠送物品。但在使用中仍然受本义用法的制约，所以"赠"、"贻"多用于赠送精美珍奇之物，或者是表达感情的纪念物。例如：

(8) 何以赠之？琼瑰玉佩。（《诗经·秦风·渭阳》）

(9) 美人赠我金错刀，何以报之英琼瑶。（张衡《四愁诗》）

(10) 太监泣别，赠大珠四枚。（崔铣《记王忠肃公翱三事》）

(11) 静女其娈，贻我彤管。（《诗经·邶风·静女》）

(12) 魏王贻我大瓠之种。（《庄子·逍遥游》）——瓠（hù）：葫芦。

(13) 尝贻余核舟一，盖大苏泛赤壁云。（魏学洢《核舟记》）

"赠"、"贻"还可以表示语言文字方面的赠送，即赠言、赠文。例如：

(14) 故赠人以言，重于金石珠玉。（《荀子·非相》）

(15) 子路将行，辞于仲尼。曰："赠汝以车乎？以言乎？"子路曰："请以言。"（《说苑·杂言》）

(16) 于后，（周）公乃为诗以贻之。（《尚书·金縢》）

(17) 余嘉其能行道，作《师说》以贻之。（韩愈《师说》）

"赠"和"贻"的区别是，"赠"的词义概括的范围要比"贻"大，使用也较多。下面几例中的"赠"一般不用"贻"来替换：

(18) 君子赠人以言，庶人赠人以财。（《荀子·大略》）

(19) 释左骖，以公命赠孟明。（《左传·僖公三十三年》）

(20) 子路去鲁，谓颜渊曰："何以赠我？"（《礼记·檀弓下》）

"赠"还可用于尊称皇帝所给予的赏赐。例如：

(21) 又十有二年，列官于朝，始得赠封其亲。（欧阳修《泷冈阡表》）

(22) 曾祖妣累封楚国太夫人。显祖府君累赠金紫光禄大夫、太师、中书令兼尚书令。（欧阳修《泷冈阡表》）

"馈（餽）"的本义是送给别人食物，后来引申为赠送东西。但在使用中，由于受到本义的制约，所以多用于表示食物或牲畜。例如：

(23) 于是诸侯之大夫戍齐，齐人馈之饩。(《左传·桓公六年》)——饩：原指谷物，此指活的牲畜。

(24) (阳货)归孔子豚。(《论语·阳货》)——归：通"馈"。豚：煮熟的小猪。

(25) 老弱馈食。(《孟子·滕文公下》)

"遗"多用于表示赠送礼物和财物。例如：

(26) 持千金之资币物，厚遗秦王宠臣庶子蒙嘉。(《战国策·燕策三》)

(27) 淮南王大喜，厚遗(武安)金财物。(《史记·魏其武安侯列传》)

(28) 既至匈奴，置币遗单于。(《汉书·李广苏建传》)

"赂"和"赍"多用于表示赠送钱财。例如：

(29) 荀息曰："请以垂棘之璧与屈产之乘以赂虞公，而求假道焉，必可得也。"(《吕氏春秋·权勋》)

(30) 朕饰子女以配单于，金币文绣，赂之甚厚。(《汉书·武帝纪》)

(31) 非其人而教之，赍盗粮，借贼兵也。(《荀子·大略》)

(32) 赍钱三百万，皆用青丝穿。(《玉台新咏·古诗为焦仲卿妻作》)

"赂"和"赍"也可以表示把土地送给别人。例如：

(33) 割国之锱铢而赂之，则割定而欲无厌。(《荀子·富国》)——锱铢：这里比喻很少的土地。

(34) 于是从散约败，争割地而赂秦。(贾谊《过秦论上》)

(35) 何不以地赍周？(《战国策·西周策》)

这一组词所表示的行为在方式上也有些区别。一般说来，"赠"、"贻"侧重于"赠送"，目的在于以物传情；"馈"侧重于"馈送"，目的在于救助；"遗"、"赂"、"赍"侧重于"奉送"，目的在于以物致意。

另外,从适用对象上看,这组词在施受对象上不强调上下尊卑的严格限制。《周礼·天官·玉府》"受而藏之。"郑玄注:"古者致物于人,尊之则曰献,通行曰馈。"《仪礼·士虞礼》:"特豕馈食。"疏:"馈者,上下通称。故祭祀于神而言馈,阳货馈孔子豚而言馈;《乡党》云朋友之馈。是上下通言馈。"其他词也与此相同。用例如上。

贡 献 进 奉 供(共) 纳(内)

这一组词都可以表示"进献"的意思,一般指封建时代地位较低的人或国家把物品交给地位较高的人或国家。它们既同表示"接受"意义的词相对,也同表示"赏赐"意义的词相对。

"贡"一般指把物品进献给皇帝或大国。例如:

(1) 诸侯不贡车服,天子不求私财。(《左传·桓公十五年》)

(2) 大宛献汗血马,焉耆来贡方物。(《晋书·武帝纪》)——大宛、焉耆:古西域国名。方物:地方特产。

(3) 举天下所贡蝴蝶、油利挞、青丝额……,一切异状,遍试之,无出其右者。(《聊斋志异·促织》)

"献"也指下对上送物品,但不仅限于对皇帝进献,使用范围比"贡"要大一些。例如:

(4) 献贤能之书于王,王再拜受之。(《周礼·地官·乡大夫》)

(5) 诚能得樊将军首,与燕督亢之地图献秦王,秦王必悦见臣。(《战国策·燕策三》)

(6) 谨食之,时而献焉。(柳宗元《捕蛇者说》)

"进"也是"献上"、"献给"的意思。例如:

(7) 侍宴于长者,酒进则起。(《礼记·曲礼上》)

(8) 公子使客斩其仇头,敬进如姬。(《史记·魏公子列传》)

(9) 因取书进之。(李朝威《柳毅传》)

"奉"是"奉献"、"供奉"的意思。例如:

(10) 玉斗一双,再拜奉大将军足下。(《史记·项羽本纪》)

(11) 轲既取图奉之,发图,图穷而匕首见。(《战国策·燕策三》)

(12) 暴君之欲无厌,奉之弥繁,侵之愈急。(苏洵《六国论》)

"供"也是表示下对上奉献物品,而且含有"满足需要,不使缺乏"的意思。例如:

(13) 王之诸臣皆足以供之;而王岂为是哉?(《孟子·梁惠王上》)

(14) 试使斗而才,因责常供。(《聊斋志异·促织》)

"纳"是"交纳"之意,多指按规定上交物品。例如:

(15) 百里赋纳总,二百里纳铚,三百里秸服。(《尚书·禹贡》)——总:此指丝绢。铚:原指镰刀,此指镰刀割下的禾穗,即谷物。秸服:谷物的茎秆。

(16) 夫使诸侯纳贡者,非为财币,所以述职也。(司马相如《上林赋》)——述职:这里指诸侯向天子陈述履行职务的情况。

(17) 百姓纳粟千石,拜爵一级。(《史记·秦始皇本纪》)

【辨析】

一、"纳"、"奉"、"供"、"贡"一般多用于奉献物品,"献"、"进"使用的范围则不限于此。例如:

(18) 群臣进谏,门庭若市。(《战国策·齐策一》)

(19) 至于斟酌损益,进尽忠言,则攸之、祎、允之任也。(诸葛亮《出师表》)

(20) 故天子听政,使公卿至于列士献诗,瞽献曲,史献书。(《国语·周语上》)

(21) 将军能听臣,臣敢献计。(《史记·季布栾布列传》)

二、"献"、"进"、"奉"带有一定的感情色彩,含有"恭敬"的意味。"贡"、"供"、"纳"则有一定的强制意味。

三、这一组词中,"进"、"献"、"奉"使用较多,用法也较多样。而"贡"、"供"、"纳"使用较少。

注意:"纳"、"奉"既有"交纳"、"奉献"之意,也有"接受"之意。参见"受"、"承","奉"、"纳"条。

受 承 奉 纳(内)

这一组词都可以表示"接受"这一意义,同表示"给予"的词相对。

"受"是"接受"的意思。例如:

(1) 能面刺寡人之过者,受上赏;上书谏寡人者,受中赏;能谤讥于市朝,闻寡人之耳者,受下赏。(《战国策·齐策一》)

(2) 呼尔而与之,行道之人弗受。(《孟子·告子上》)

(3) 使使如秦受地。(《史记·屈原贾生列传》)

"承"是"承受"的意思。例如:

(4) 小白,余敢承天子之命。(《国语·齐语》)——小白:齐桓公。

(5) 承教而动,循法无私,民之职也。(《战国策·赵策》)

(6) 侍儿扶起娇无力,始是新承恩泽时。(白居易《长恨歌》)

"奉"是"接受"、"领受"的意思。例如:

(7) 臣虽不佞,数奉教于君子矣。(《战国策·燕策》)

(8) 下官奉使命,言谈大有缘。(《玉台新咏·古诗为焦仲卿妻作》)

(9) 奉辞伐罪,旌麾南指。(《资治通鉴·汉献帝建安十三年》)

"纳"是"采纳"、"接受"的意思。例如:

(10) 陛下亦宜自谋,以咨诹善道,察纳雅言。(诸葛亮《出师表》)

(11) (孙)权深纳其策,又聊复与(吕)蒙论取徐州意。(《三国志·吴志·吕蒙传》)

(12) 主者故固不受,则又固请。然后命吏内之。(宗臣《报刘

一丈书》）

【辨析】

一、从使用范围来看，"承"、"奉"一般多用于下对上的接受；"纳"则多用于上对下的接受。"受"的使用范围较大，既可以表示上对下的接受，也可以表示下对上的接受。例如：

（13）项王则受璧，置之坐上。亚父受玉斗，置之地。（《史记·项羽本纪》）

（14）庄宗受而藏之于庙。（《新五代史·伶官传序》）

二、从动作的对象来看，"奉"、"承"多表示接受"使命"、"恩惠"、"教诲"等一些较抽象的东西；"纳"可以表示接受"言论"、"意见"，也可以表示接受具体的物品，但使用较少；"受"的动作对象的范围较广，可以是抽象的"恩惠"、"使命"等，也可以是具体的物品，还可以是人。例如：

（15）齐人归女乐，季桓子受之。（《论语·微子》）——归：通"馈"，送。女乐：女子歌舞队。

（16）受命以来，夙夜忧叹。（诸葛亮《出师表》）

（17）时周瑜受使至番阳。（《资治通鉴·汉献帝建安十三年》）

（18）儒谓受人恩而不忍背者，其为子必孝。（马中锡《中山狼传》）

三、"受"、"承"不但可以表示下对上的"接受"，还可以表示后人接受、继承前人留下的东西。这是这两个词的特点。例如：

（19）安陵君受地于先王而守之，虽千里不敢易也。（《战国策·魏策四》）

（20）传之子孙，受享无穷。（黄宗羲《原君》）

（21）孤承父兄余业，思有桓文之功。（《三国志·吴志·鲁肃传》）——桓文：齐桓公、晋文公，都是春秋霸王。

（22）为人子也，致孝以承业。（《盐铁论·忧边》）

四、在表示下对上的接受时，"受"、"奉"、"承"在词义的轻重上逐步加深。"承"的词义较重，常常用来表示恭敬或谦虚。试比较下面几例：

(23) 受任于败军之际，奉命于危难之间。(诸葛亮《出师表》)

(24) 臣自以为奉令承教，可以幸无罪矣，故受命而不辞。(《战国策·燕策二》)

(25) 寡人愿安承教。(《孟子·梁惠王上》)

(26) 恭承嘉惠兮，俟罪长沙。(贾谊《吊屈原赋》)——俟罪：谦词，此指到长沙赴职。

注意："纳"还可以表示"交纳"之意，同"接受"意义相反。"奉"还可以表示"奉献"之意。参见"贡"、"献"、"进"、"奉"、"供"、"纳"条。

赏　赐　赉　封

这组词都有"赏赐"的意思，一般指封建社会里地位高的人把荣誉、土地和财物等给予地位较低的人。它们既同"惩罚"的意义相对，也同"进献"的意义相对。例如：

(1) (孟春之月) 赏公卿诸侯大夫于朝。(《礼记·月令》)

(2) 君赐车马，乘以拜。(《礼记·玉藻》)

(3) 尔尚辅予一人，致天之罚，予其大赉汝，尔无不信，朕不食言。(《尚书·汤誓》)

(4) 孙叔敖死，王果以美地封其子。(《吕氏春秋·异宝》)

【辨析】

这组词的主要区别在于动作的施受对象和赏赐的内容。

一、从动作的施受对象上看，"赏"多用于对有功的人进行奖赏。例如：

(5) 赏不加于无功。(《荀子·难一》)

(6) 功多有厚赏。(《尚书·泰誓》)

(7) 恩所加则思无因喜以谬赏，罚所及则思无因怒而滥刑。(魏征《谏太宗十思疏》)

"赐"主要用于上对下进行赏赐,但不一定是因为有功。例如:

(8) 项王曰:"壮士!——赐之卮酒。"(《史记·项羽本纪》)

(9) 臣窃矫君命,以责赐诸民。(《战国策·齐策四》)

(10)(苻坚)饥甚,民有进壶飧、豚髀者,坚食之,赐帛十匹,绵十斤。(《资治通鉴·晋孝武帝太元八年》)

"赉"也指上对下的赏赐,多含有"抚慰"的含义。例如:

(11) 散鹿台之财,发钜桥之粟,大赉于四海,而万姓悦服。(《尚书·武成》)

(12)(徐勉)固陈求解,诏乃赉假。(《梁书·徐勉传》)——求解:请求解除(自己的官职)。假:假期。

(13) 抚军亦厚赉成。(《聊斋志异·促织》)

"封"的本义是聚土作为田界的标志。《史记·商君列传》"为田开阡陌封疆而赋税平。"正义:"封,聚土也。"由此引申为筑起土台作为国界的标志。《古今注·都邑》:"封疆画界者,封土为台,以表识疆界也。"天子给诸侯分封土地,也需要画界。《尚书·蔡仲之命》:"肆予命尔侯于东土,往即乃封,敬哉!"于是"封"引申为给诸侯分封土地的行为。例如:

(14) 封尚父于营丘,曰齐侯。(《史记·周本纪》)

(15) 故封桓叔于曲沃。(《左传·桓公二年》)

(16) 周公之封于鲁。(《孟子·告子下》)

从动作的施受对象上看,"封"一般只用于天子帝王对诸侯臣子进行封赏。

"赐"的本义是给予,不限于上对下。例如:

(17) 家丈人召(高渐离)使前击筑,一坐称善,赐酒。(《史记·刺客列传》)

(18) 晋公子重耳失国,乞食于道,从耕者乞饭,耕者奉块土以赐公子。(王充《论衡·纪妖》)

后来逐渐专用于皇帝赏赐臣民。

"赏"、"赉"的施动者不限于君主皇帝,是泛指的上对下。

例如:

(19) 阃以外者,将军制之。军功爵赏,皆决于外,归而奏之。(《史记·张释之冯唐列传》)

(20) (宰)又试之鸡,果如成言,乃赏成。(《聊斋志异·促织》)

二、从赏赐的内容上看,"赐"、"封"涉及较多。"赐"除了"赏赐财物、信物"[例(9)]外,还可用于官爵、姓氏、华居、珠帛、名马等。例如:

(21) 赵惠文王赐(赵)奢号为马服君。(《史记·廉颇蔺相如列传》)

(22) 夏后嘉之,赐(刘累)氏曰御龙。(《左传·昭公二十九年》)

(23) 诸项氏枝属,汉王皆不诛,……赐姓刘。(《史记·项羽本纪》)

(24) 赐列侯甲第,僮千人。(《史记·封禅书》)

(25) (武帝)尝以一珊瑚树高二尺许赐(王)恺。(《世说新语·汰侈》)

(26) 上大嘉悦,诏赐抚臣名马衣缎。(《聊斋志异·促织》)

此外,"赐"还用于君王让臣子进行某种行为。例如:

(27) (邓)通亦愿谨,不好外交,虽赐洗沐,不欲出。(《史记·佞幸列传》)

(28) 子反再拜稽首曰:"君赐臣死,死且不朽。"(《左传·成公十六年》)

此外还有"赐座"、"赐见"、"赐问"、"赐告"等。

"封"除用于土地城邑外,也用于官爵封号。例如:

(29) 七国兵已尽破,封(窦)婴为魏其侯。(《史记·魏其武安侯列传》)

(30) 安釐王即位,封公子为信陵君。(《史记·魏公子列传》)

"赏"的内容可以是财物,也可以是官爵。例如:

(31) 上召见袁世凯,特赏侍郎。(梁启超《戊戌政变记·谭嗣同传》)

"赍"的内容多是实物,其运用不及其他词普遍。

惩 罚 治

这一组词都可以表示"惩罚"、"处罚"的意思,它们同表示"奖赏"意义的词相对。例如:

(1) 惩恶而劝善。(《左传·成公十四年》)

(2) 惩劝不明则风俗汀浊。(《晋书·刘毅传》)——劝:奖励。

(3) 赏行罚威,则贤者可得而进也,不肖者可得而退也。(荀子·富国)——行:施行。威:威慑(众人)。

(4) 陟罚臧否,不宜异同。(诸葛亮《出师表》)

(5) 廷尉下其事长安,逮捕(周勃)治之。(《史记·绛侯周勃世家》)——廷尉:掌管刑狱的司法官员。

(6) 不效,则治臣之罪,以告先帝之灵。(诸葛亮《出师表》)

【辨析】

一、"惩"多表示对邪恶的、不好的行为进行惩罚,所以"惩"常同"恶"搭配;"治"则多表示对较严重的罪行给以惩罚,所以"治"常跟"罪"同现。"惩"多表示对触犯法律或命令的行为给以惩罚,使用的范围要稍大一些。例如:

(7) 无恶不惩,无善不显。(《三国志·蜀志·诸葛亮传》)

(8) 罚不加于无罪。(《韩非子·难一》)

(9) (赵)高有大罪,秦王命蒙毅法治之。(《史记·蒙恬列传》)——法:依法。

二、"惩"侧重于表示"通过惩罚当事者而达到制止某种行为并警戒其他人"的目的,常同"劝"(鼓励、奖励)对举连用。成语有"惩一儆百"。"罚"侧重于表示"通过惩罚而显示法律、号令严明"这一目的,常同"赏"对举连用。例如:

(10)《春秋》之义也，以惩恶劝善为先。(刘知己《史通·忤时》)

(11)（诸葛）亮身率诸军攻祁山，戎阵整齐，赏罚肃而号令明。(《三国志·蜀志·诸葛亮传》)

"治"一般只强调对大罪进行惩罚，所以这一组词中，"治"的词义最重，"罚"次之，"惩"在古代词义较轻。

拜　授　除

这一组词都可以表示"任命官员、授给官职"这一意义，同表示"免职"、"降职"意义的词相对。例如：

(1) 以相如功大，拜为上卿。(《史记·廉颇蔺相如列传》)

(2) 顺宗即位，拜礼部员外郎。(韩愈《柳子厚墓志铭》)

(3) 夫论德而授官者，成功之君也。(曹植《求自试表》)

(4) 其后以博学宏辞，授集贤殿正字。(韩愈《柳子厚墓志铭》)——正字：掌管校雠典籍、刊正文字的官员。

(5) 上乃曰："君除吏已尽未？吾亦欲除吏。"(《史记·魏其武安侯列传》)

(6) 帝乃除（班）超为兰台令史。后坐事免官。(《后汉书·班超传》)

【辨析】

一、"授"、"除"所任命的官职可高可低。"拜"所任命的官职虽然也有高低之别，但一般多用于较高的官职。例如：

(7) 至拜大将，乃（韩）信也。(《史记·淮阴侯列传》)

例(7)和例(1)中的"拜"都不能换为"授"、"除"。

二、"除"多表示"除去旧职改任新职"，一般多用于升官。"拜"也可以表示升官，但这种用法不多。"授"则一般不单独用于表示升官。例如：

(8) 诏书特下，拜臣郎中，寻蒙国恩，除臣洗马。(李密《陈情表》）——寻：不久。洗马：侍奉太子的官职。

（9）予除右丞相兼枢密使，都督诸路军马。（文天祥《指南录后序》）

（10）父（左）雍，起小吏，以能擢授殿中侍御史。（《晋书·左思传》）

这一组词中，"拜"要比"授"、"除"的词义重一些，含有尊重、器重的意味。

拔 擢 陟 升（陞） 迁

这一组词都可以表示"提升（官职）"的意思，它们同表示"降职"、"免职"意义的"贬"、"谪"等相对。

"拔"是"选拔"、"提拔"的意思。例如：

（1）此皆良实，志虑纯忠，是以先帝简拔以遗陛下。（诸葛亮《出师表》）

（2）过蒙拔擢，宠命优渥。（李密《陈情表》）——优渥：优厚。

"擢"是"擢升"、"提升"的意思。例如：

（3）上不知其驽下，遂擢至此。（《史记·李斯列传》）——驽：低劣。

（4）（张）敞以切谏显名，擢为豫州刺史。（《汉书·张敞传》）

"陟"、"升"都是"提升"、"进升"的意思。例如：

（5）宫中府中，俱为一体，陟罚臧否，不宜异同。（诸葛亮《出师表》）

（6）理乱不知，黜陟不闻。（韩愈《送李愿归盘谷序》）

（7）（王）符独耿介，不同于俗，以此遂不得升进。（《后汉书·王符传》）

（8）朝授一官，暮陞一职。（《金史·陈规传》）

"迁"是"调升"的意思。虽然指调动官职，但多用于官职升进

（一般同"徙"相对而言，但"左迁"表示降职）。例如：

（9）安帝雅闻衡善术学，公车特徵，拜郎中，再迁为太史令。（《后汉书·张衡传》）

（10）对策者百令人，唯（晁）错为高第，由是迁中大夫。（《汉书·袁盎晁错传》）

【辨析】

一、"拔"、"擢"、"迁"一般侧重于强调"上司、上级的提拔"这一因素；"陟"、"升"则侧重于表示"职位上升"这一情况。"拔"、"擢"、"迁"侧重于表示提升的具体情况；"陟"、"升"则一般只是表示"由下向上升进"这一概括情况。

二、"拔"是"选拔"之意，多是表示提拔原来没有官职或官职很低微的人；"迁"则一般都是表示提升原来有官职的人，表示在原有的官职上再提升。"擢"兼有"拔"、"迁"两个词的两种用法。例如：

（11）山涛作冀州，甄拔三十余人。（李白《与韩荆州书》）——甄：审察。

（12）先王过举，擢之乎宾客之中，而立之于群臣之上。（《战国策·燕策二》）

（13）（赵充国）击匈奴，获西祁王，擢为后将军。（《汉书·赵充国传》）

（14）文帝说之，超迁，岁中至太中大夫。（《汉书·贾谊传》）

"拔"、"擢"的词义较重，含有"大力提拔"的意思；"迁"次之；"陟"、"升"词义较平淡，使用也较少；"陞"用于升官是唐以后出现的。

罢　免　黜（绌）　斥

这一组词都可以表示"解除官职"这一意义，同表示授给官职的"拜"、"除"、"授"等相对。例如：

（1）窦太后大怒，乃罢逐赵绾、王臧等而免丞相太尉。（《史记·魏其武安侯列传》）

（2）霍氏杀许后之谋始得上闻，乃罢其三侯。（《汉书·魏相吉丙传》）

（3）哀帝崩，王莽秉政，诸前议立庙尊号者，皆免徙合浦。（《汉书·杜周传》）

（4）屈平既绌。（《史记·屈原贾生列传》）

（5）台臣惭，追受其牒，为复守官而黜臧使者。（高启《书博鸡者事》）

（6）是孔丘斥逐于鲁君，曾不用于世也。（《盐铁论·利议》）

（7）古今称符坚得王猛于草茅之中，一朝尽斥去其旧臣而与之谋。（苏轼《贾谊论》）

【辨析】

一、"黜"多表示因为犯罪、过失或得罪上司而被解除官职，"罢"、"免"、"斥"除了上述方面外，还可以表示因其他原因而解除职务。比较下面几例：

（8）有罪得以黜，有能得以赏。（柳宗元《封建论》）

（9）时欲沙汰郎官，非其才者罢之。（《晋书·魏舒传》）——沙汰：淘汰。

（10）居顷之，绛侯（周勃）谢病请免相。（《史记·陈丞相世家》）

（11）与闻国政而无益于民者斥，在上位而不能进贤者退。（《汉书·武帝纪》）

二、"罢"、"免"侧重于表示官职的解除，"黜"、"斥"侧重于表示斥退而不用。"斥"的词义最重，"罢"、"黜"次之，"免"的词义最轻，所以可以表示自己请求解除职务或无过而解除职务［如例（10）］。

荐 举 推 进

这组词都可以表示"下级把人才向上司介绍"这一类行为,同表示上司提拔下级的"拔"、"擢"等意义相对。例如:

(1) 诸侯能荐人于天子。(《孟子·万章上》)
(2) 皇后弟侍中窦宪,荐真定令张林为尚书。(《后汉书·陈宠传》)
(3) 解狐得举,祁午得位,伯华得官,建一官而三物成,能举善也。(《左传·襄公三年》)
(4) 唯才是举,吾得而用之。(《三国志·魏志·武帝纪》)
(5) 推贤让能,庶官乃和。(《尚书·周官》)
(6) (韩信)始为布衣时,贫无行,不得推择为吏。(《史记·淮阴侯列传》)
(7) 献能而进贤,择材而荐之。(《国语·晋语九》)
(8) 今少卿乃教以推贤进士,无乃与私心剌谬乎?(司马迁《报任安书》)——无乃:岂不是。剌(là)谬:违背。

【辨析】

一、这一组词中,"推"、"进"一般只侧重于表示"推荐"这一行为,不强调推荐的具体内容或结果。相比较而言,"荐"、"举"表示的"推荐"就比较具体。比较下面几例:

(9) 卢公,天下之贤刺史也,未闻有所推引。(韩愈《与汝州卢郎中论荐侯喜状》)
(10) 次之又不能拾遗补阙,招贤进能。(司马迁《报任安书》)
(11) 于是(田)忌进孙子于威王。(《史记·孙子吴起列传》)
(12) (梁冀)荐(栾)巴为议郎,举(朱)穆高第,为侍御史。(《后汉书·朱晖传》)
(13) 永元中,举孝廉,不行。(《后汉书·张衡传》)

二、"推"、"举"所表示的"推荐"不限于个人,也可以指大家。例如：

(14) 先帝称之曰能，是以众议举（向）宠为督。(诸葛亮《出师表》)

(15) 使众人推其所谓贤能。(王安石《上皇帝万言书》)

"推"还可以表示"推选"的意思。例如：

(16) 是年谢庄办团，以三保勇而多艺，推为长。(《清稗类钞·冯婉贞胜英人于谢庄》)

注意"举"还可以表示上对下的"选拔"的意思，这同自下而上的"推荐"的意思恰好相对立。例如：

(17) 傅说举于版筑之间，胶鬲举于鱼盐之中，管夷吾举于士，孙叔敖举于海，百里奚举于市。(《孟子·告子下》)

(18) 人君无愚智贤不肖，莫不欲求忠以自为，举贤以自佐。(《史记·屈原贾生列传》)

例（17）中的"举"是被动用法，例（18）中的"举"是主动用法。

背（倍、北） 叛（畔）

"背"、"叛"都可以表示"离开原有的一方而转到相对立的一方，或采取敌对的行动"这一类行为，同"投靠"、"归附"、"顺从"、"依"的意义相对。例如：

(1) 食人炊骨，士无反北之心。(《战国策·齐策六》)

(2) 信以结之，则民不倍。(《礼记·缁衣》)

(3) 此令臣轻背其主。(晁错《论贵粟疏》)

(4) 众叛亲离，难以济矣。(《左传·隐公四年》)

(5) 寡助之至，亲戚畔之。(《孟子·公孙丑下》)

(6) 夫秦王有虎狼之心，杀人如不能举，刑人如恐不胜，天下皆叛之。(《史记·项羽本纪》)

【辨析】

一、从语义表达的重点上看,"背"侧重于表示"离开某一立场"(《新五代史·伶官传序》:"契丹与吾约为兄弟,而皆背晋以归梁。");"叛"侧重于"反对原来的一方","叛"的词义比"背"要稍微重一些。

二、从使用范围来看,"背"比"叛"要大一些,除了表示"背离某一方或原有立场"外,还可以表示"背离某一标准或重要的方面",而"叛"虽然也可以表示背离某一准则(如成语有"离经叛道"),但从总的情况来看,"叛"多用于表示"离开并反对原来所在的一方"。例如:

(7) 倍道而妄行,则天不能使之吉。(《荀子·天论》)

(8) 桓公怒,欲倍其约。(《史记·刺客列传》)

(9) 今背本而趋末,食者甚众,是天下之大残也。(贾谊《论积贮疏》)

(10) 陛下宽仁,诸侯虽有叛亡,而后归,辄复故位号,不诛也。(《汉书·韩王信传》)

(11) 南中诸郡,并皆叛乱。(《三国志·蜀志·诸葛亮传》)

三、从语法功能来看,"背"多做陈述成分,"叛"除了做陈述成分外,还可以做修饰成分。例如:

(12) 不数载而天下大坏,……时则有叛人而无叛吏,……然而封建之时,郡邑居半,时则有叛国而无叛郡。(柳宗元《封建论》)

"背"、"叛"也有组合在一起使用的情况。例如:

(13) (项羽)趣义帝行,其群臣稍稍背叛之。(《史记·项羽本纪》)——趣:催促。

(14) 行者深恐,有背畔之心。(《汉书·晁错传》)

率(帅) 领 将 统 引 以

这组词都有"率领"、"带领"的意思。例如:

（1）率师以来，惟敌是求。（《左传·宣公十二年》）
（2）我文公帅诸侯及秦围郑。（《左传·成公十三年》）
（3）乃皆以为偏将军，使还领其兵。（《后汉书·耿弇传》）
（4）铚人伍徐将兵居许。（《史记·陈涉世家》）
（5）今将军诚能命猛将统兵数万……（《资治通鉴·汉献帝建安十三年》）。
（6）沛公乃引兵击秦军。（《史记·留侯世家》）
（7）平明，汉军觉之，令骑将灌婴以五千骑追之。（《史记·项羽本纪》）

【辨析】

一、这组词的主要区别表现在适用对象方面。

"率"、"领"多用于军队。例如：

（8）当奖率三军，北定中原。（诸葛亮《出师表》）
（9）命李祐、李忠义率突将三千为前驱。（《资治通鉴·唐宪宗元和十二年》）
（10）知伯帅赵、韩、魏而伐范中行氏。（《战国策·赵策一》）
（11）（吴元济）帅左右登牙城拒战。（《资治通鉴·唐宪宗元和十二年》）
（12）各领万人，与备俱进。（《三国志·吴志·吴主传》）

也可用于一般人组成的集体。例如：

（13）遂率子孙荷担者三夫，叩石垦壤。（《列子·汤问》）
（14）老翁八十犹能行，将领儿孙行拾穗。（元结《宿泗溪翁宅》）

"将"只用于军队或有武装的队伍，其带领者必定是军事首领。例如：

（15）（公子）使将将其军归魏。（《史记·魏公子列传》）
（16）（陈涉）率疲弊之卒，将数百之众，转而攻秦。（贾谊《过秦论上》）

"统"的"率领"义，是由"主管"、"总领"的意义引申来的。

《尚书·周官》："冢宰掌邦治，统百官，均四海。""统"用于率领，有"统率"的含义。例如：

（17）猥以空虚，统领贵州。（《三国志·蜀志·杜微传》）

"引"也多用于军队。例如：

（18）魏王豹惊，引兵迎（韩）信。（《史记·淮阴侯列传》）

"以"除用于军队外，也用于带领与其关系较密切的人，如家族、门客等。例如：

（19）沛公欲以兵二万人击秦峣下军。（《史记·留侯世家》）

（20）使鲁肃以万人屯巴丘以御关羽。（《三国志·吴志·吴主传》）

（21）宫之奇以其族行。（《左传·僖公五年》）

（22）（公子）乃请宾客，约车骑百余乘，欲以客往赴秦军，与赵俱死。（《史记·魏公子列传》）

二、从意义的形成和发展上看，"领"、"统"比其他词迟出现，而"将"、"引"、"以"到后来使用渐少，"率"一直是常用不衰，"领"后来逐渐取代"以"。

征 伐 讨 诛 攻 袭 侵 犯 寇

这组词都有"用武力进攻"的意思，与"守"、"卫"等意义相对。例如：

（1）汤武致强而征诸侯。（《商君书·开塞》）

（2）怀王怒，大兴师伐秦。（《史记·屈原贾生列传》）

（3）皇帝哀众，遂发讨师。（《史记·秦始皇本纪》）

（4）将军身披坚执锐，伐无道，诛暴秦。（《史记·陈涉世家》）

（5）宋无罪而攻之，不可谓仁。（《墨子·公输》）

（6）蹇叔曰："劳师以袭远，非所闻也。"（《左传·僖公三十二年》）

（7）韩魏相与争侵地。（《庄子·让王》）

（8）胥臣蒙马以虎皮，先犯陈蔡，陈蔡奔，楚右师溃。(《左传·僖公二十八年》)

（9）无敢寇攘。(《尚书·费誓》)

【辨析】

一、从词义的感情色彩和适用对象上看，"征"是褒义词，最初用于"上（天子）"攻"下（诸侯）"，"有道"攻"无道"。例如：

（10）古者周公东征则西国怨，西征则东国怨。(《公羊传·僖公四年》)

（11）曹公，豺虎也，挟天子以征四方。(《资治通鉴·汉献帝建安十三年》)

（12）库无备兵，虽有义不能征无义。(《墨子·七患》)

"伐"本是中性词，不限于上对下或有道对无道，最初用于诸侯间。如：

（13）十年春，齐师伐我。(《左传·庄公十年》)

后因常和"征"连用，逐渐具有褒义，用于对"无道"或叛逆。例如：

（14）征伐以讨其不然。(《左传·庄公二十三年》)

（15）桀纣暴乱，而汤武征伐。(《韩非子·五蠹》)

（16）近者奉辞伐罪。(《资治通鉴·汉献帝建安十三年》)

（17）历于宣王，挟中兴复古之德，雄南征北伐之威。(柳宗元《封建论》)

"讨"、"诛"同"伐"的后来用法相近，多用于对奸贼或叛逆，也含褒义。例如：

（18）天讨有罪，五刑五用哉。(《尚书·皋陶谟》)

（19）愿陛下托臣以讨贼之效。(诸葛亮《出师表》)

（20）凡诛，非诛其百姓也，诛其乱百姓者也。(《荀子·议兵》)

（21）至桀、纣之暴，犹谓汤、武不当诛之。(黄宗羲《原君》)

"攻"也是中性，泛指一般的军事进攻，而又较侧重于军事上的攻坚战。例如：

(22) 三里之城，七里之郭，环而攻之而不胜。(《孟子·公孙丑下》)

(23) 已而燕军攻安平，城坏，齐人走，……唯独莒、即墨不下。(《史记·田单列传》)

"袭"、"侵"、"犯"带有贬义，都指以非正义的手段攻打对方或进入别国领域，最初也用于诸侯之间，如例(6)、例(7)、例(8)，后来泛指敌方入侵。例如：

(24) 荆人欲袭宋，使人先表澭水。(《吕氏春秋·察今》)

(25) 奉之弥繁，侵之愈急。(苏洵《六国论》)

(26) 金人犯东京，宗泽遣将击却之。(《宋史·高宗纪二》)

"寇"与"侵"、"犯"相近，但多用于外族入侵，故在"侵犯"义之外，还有"劫掠"、"骚扰"的含义。例如：

(27) (王莽)作货布后六年，匈奴侵寇甚。(《汉书·食货志下》)

(28) 既赦贷其罪，复来寇边。(《宋史·寇瑊传》)

二、从进攻行为的方式上看，"征"、"伐"、"讨"、"诛"指以某种名义公开地进攻，如"伐无道，诛暴秦"。"伐"、"侵"、"袭"的区别尤其明显。《左传·庄公二十九年》："凡师有钟鼓曰伐，无曰侵，轻曰袭。"

"伐"是公开宣战的战争，进军的时候往往有钟鼓相伴。如《曹刿论战》中就有"公将鼓之"、"一鼓作气"、"齐人三鼓"的叙述。

"侵"是不宣而战，不要借口，不用钟鼓，直接侵犯别人的国土。例如：

(29) 齐侯以诸侯之师侵蔡，蔡溃，遂伐楚。(《左传·僖公四年》)

此例说的是齐桓公先不宣而战击溃了蔡国，再准备进军楚国，才正式向楚国宣战。

"袭"是偷袭，比"侵"更富于秘密性质，是乘人不备而偷偷地突然进攻。例如：

(30) 大叔完聚，缮甲兵，具卒乘，将袭郑。(《左传·隐公元年》)

（31）李愬谋袭蔡州。（《资治通鉴·唐宪宗元和十二年》）

三、在词义范围上，"攻"大于其他词，既泛指一般的军事行动，又与"征"、"伐"相似。例如：

（32）赵太后新用事，秦急攻之。（《战国策·赵策四》）

（33）其后秦伐赵，拔石城。明年复攻赵，杀二万人。（《史记·廉颇蔺相如列传》）

（34）臣与将军戮力而攻秦。（《史记·项羽本纪》）

拒（距） 御 敌

这组词都有"抗击"、"抵御"的意思，与"攻"、"伐"等意义相对。例如：

（1）密人不恭，敢距大邦。（《诗经·大雅·皇矣》）

（2）燕王诚振怖大王之威，不敢兴兵以拒大王，愿举国为内臣。（《战国策·燕策三》）

（3）上九……利御寇。（《周易·蒙》）

（4）此匹夫之勇，敌一人者也。（《孟子·梁惠王下》）

【辨析】

一、在动作行为的方式上，这组词各有侧重。"拒"侧重于用军事力量抵御对方的进攻，有"拒守"的含义，往往借助山川城池作依凭。例如：

（5）公输盘九设攻城之机变，子墨子九距之。（《墨子·公输》）

（6）将内以固城，外以拒难。（《荀子·君道》）

（7）且将军大势可以拒（曹）操者，长江也。（《资治通鉴·汉献帝建安十三年》）

"御"侧重于抵抗对方已经实施的军事进攻，有"抗击"的含义。例如：

（8）郑公子归生受命于楚，伐宋。宋华元、乐吕御之。（《左传·宣公二年》）

(9) 晋人御师必于殽。(《左传·僖公三十二年》)

"敌"侧重在两方面力量的对峙,有"对抗"的含义。例如:

(10) 然则小固不可以敌大,寡固不可以敌众,弱固不可以敌强。(《孟子·梁惠王上》)

(11) 剑,一人敌,不足学,学万人敌。(《史记·项羽本纪》)

二、在词义的适用对象上,"御"、"敌"还用于抵挡来自自然界的侵袭。例如:

(12) 我有旨蓄,亦以御冬。(《诗经·邶风·谷风》)

(13) (永州之蛇)以啮人,无御之者。(柳宗元《捕蛇者说》)

(14) 三杯两盏淡酒,怎敌它晚来风急?(李清照《声声慢》)

擒(禽) 执 逮 捕 缉 捉

这组词都有"捉拿"、"捕捉"的意思,与"纵"、"释"、"放"等意义相对。例如:

(1) 大败知伯之军而擒知伯。(《韩非子·十过》)

(2) 执人于王宫,其罪大矣。(《左传·昭公七年》)

(3) 天子遣大行(张)骞验问,逮诸证者,王又匿之。(《汉书·常山宪王刘舜传》)

(4) 及夫大逆不道,然后掩捕而迁之,勒兵而夷之耳。(柳宗元《封建论》)

(5) 又九门提督所访缉纠诘,皆归刑部。(方苞《狱中杂记》)

(6) 超负其多力,阴欲突前捉曹公。(《三国志·蜀志·马超传》)

【辨析】

一、从意义的形成上看,"擒"、"执"、"捕"较早,"逮"、"缉"、"捉"则较后起。

二、在词义的适用对象上也有较大的不同。"擒"多用于抓获敌方的首领或奸贼之人。例如:

(7) 禽灭六王。(《史记·秦始皇本纪》)——禽，通擒。

(8) 将军禽操，宜在今日。(《资治通鉴·汉献帝建安十三年》)

(9) 阴知奸党姓名，一时收禽。(《后汉书·张衡传》)

(10) 射人先射马，擒贼先擒王。(杜甫《前出塞》)

"执"可用于对军队的首领，也可用于一般人，意义侧重在"捉拿"。例如：

(11) 执邾悼公，以其伐我故。(《左传·襄公十九年》)

(12) 吴中孙兆奎以起兵不克，执至白下。(全祖望《梅花岭记》)

"逮"、"捕"、"缉"用于犯罪的人，是以官方的名义由司法机关执行。

"逮"是因犯罪而被捕。例如：

(13) (豪民) 即诬守纳己赇。使者遂逮守，胁服夺其官。(高启《书博鸡者事》)

(14) 五人者，盖当蓼洲周公之被逮，激于义而死焉者也。(张溥《五人墓碑记》)

"捕"是以某种罪名抓人，行动规模有时较大。例如：

(15) 汉召彭越，责以谋反，夷三族。已而枭彭越头于雒阳下，诏曰："有敢收视者，辄捕之。"(《史记·季布栾布列传》)

(16) 且矫诏纷出，钩党之捕遍于天下。(张溥《五人墓碑记》)

"逮"、"捕"常常连用。例如：

(17) 其后有人上书告勃欲反，下廷尉，廷尉下其事长安，逮捕勃治之。(《史记·绛侯周勃世家》)

(18) 行如雒阳，贯高等谋逆，发觉，逮捕高等。(《汉书·高帝纪》)

"缉"用于搜捕、查获因犯罪而逃匿的人。

"捉"较接近现代的"抓"，多用于一般人。例如：

(19) 暮投石壕村，有吏夜捉人。(杜甫《石壕吏》)

(20) 今日捉将官里去，这回断送老头皮。(赵令畤《侯鲭录》)

另外,"擒"、"捕"、"捉"还可用于动物或转用于其他事物。例如:

(21)(鹬蚌)两者不肯相舍。渔者得而并擒之。(《战国策·燕策二》)

(22)骐骥骅骝,一日而驰千里,捕鼠不如狸狌,言殊技也。(《庄子·秋水》)

(23)而吾以捕蛇独存。(柳宗元《捕蛇者说》)

(24)虫跃掷径出,迅不可捉。……喜而捕之,一鸣辄跃去。(《聊斋志异·促织》)

(25)官差捉船为载兵,大船买脱中船行。(吴伟业《捉船行》)

杀 戕 戮 诛 弑 斩 刃 刺

这组词都有"用武力致人于死"的意思。例如:

(1)尉剑挺,广起,夺而杀尉。(《史记·陈涉世家》)

(2)邾人戕曾子于鄸。(《春秋·宣公十八年》)

(3)杀戮之谓刑,庆赏之谓德。(《韩非子·二柄》)

(4)劳苦功高如此,未有封侯之赏,而听细说,欲诛有功之人。(《史记·项羽本纪》)

(5)项羽使人阴弑义帝江南。(《史记·高祖本纪》)

(6)匈奴围李将军,军失亡多,而骞后期,当斩,赎为庶人。(《汉书·张骞李广利传》)

(7)与人刃我,宁自刃。(《史记·鲁仲连邹阳列传》)

(8)公子买戍卫,不卒戍,刺之。(《春秋·僖公二十八年》)

【辨析】

一、这组词在行为凭借的工具和方式上,有较明显的区别。"杀"、"戕"、"戮"、"诛"、"弑"一般不强调特定的工具或方式,有较大的随意性。例如:

(9)杀人以梃与刃,有以异乎?(《孟子·梁惠王上》)

(10) "不速去，无俟奸人构陷，吾今即扑杀汝!"因摸地上刑械作投击势。(方苞《左忠毅公逸事》)

(11) 及城陷，贼得巡等数十人，且将戮。(韩愈《〈张中丞传〉后叙》)

(12) 臣知欺大王之罪当诛，臣请就汤镬。(《史记·廉颇蔺相如列传》)

"斩"、"刃"本身已包含有致死的方式。"斩"是用刀剑或斧砍断颈项或躯干，也是一种刑法。例如：

(13) 后七年，秦破赵，杀将扈辄于武遂，斩首十万。(《史记·廉颇蔺相如列传》)

(14) 令民为什伍，而相牧司连坐。不告奸者腰斩。(《史记·商君列传》)

"刃"指用刀或剑刺杀。例如：

(15) 简子出，有人当道，辟之不去，从者怒，将刃之。(《史记·赵世家》)

(16) 左右欲刃相如。(《史记·廉颇蔺相如列传》)

"刺"指用刀剑或匕首杀人。例如：

(17) 是何异于刺人而杀之。(《孟子·梁惠王上》)

(18) (郭)晞军士十七人入市取酒，又以刃刺酒翁。(柳宗元《段太尉逸事状》)

二、从词义的适用对象或原因上看，"戮"、"诛"、"斩"可用于因犯有罪行或受罪犯牵连而被处死，又多在公开场合进行，故"戮"还有"陈尸示众"的含义。例如：

(19) 防淫除邪，戮之以五刑。(《荀子·王制》)

(20) 秦之遇将军，可谓深矣。父母宗族，皆为戮没。(《战国策·燕策三》)

(21) 就义之日，观者万人，君慷慨神气不少变。……乃从容就戮。(梁启超《戊戌政变记·谭嗣同传》)

(22) 诛纣，断其首。(《荀子·正论》)

(23) 陈王怒，捕系武臣等家室，欲诛之。(《史记·陈涉世家》)

(24) 斩有罪以徇。(《国语·吴语》)

(25) 公等遇雨，皆已失期，失期当斩。(《史记·陈涉世家》)

"弑"特指子杀父兄或臣杀君王。例如：

(26) 臣弑其君，子弑其父，非一朝一夕之故，其所由来渐矣。(《周易·坤·文言》)

(27) 十九年，鲁桓公弑其兄隐公而自立为君。(《史记·齐太公世家》)

"刺"较多用于刺客怀挟匕首、暗器之类的短兵器进行暗杀。例如：

(28) 专诸擘鱼，因以匕首刺王僚，王僚立死。(《史记·刺客列传》)

(29) (豫让)中挟匕首，欲以刺襄子。(《史记·刺客列传》)

三、从词义的程度轻重上看，"杀"、"戕"、"戮"较其他几个词重，"杀"可用于较多数量。例如：

(30) 是岁骠骑将军破匈奴西边，杀数万人，至祁连山。(《汉书·张骞李广利传》)

(31) 君曰："所杀几何？"曰："六十万。"(李朝威《柳毅传》)

"戕"有"残杀"的含义。例如：

(32) 势利使人争，嗣还自相戕。(曹操《蒿里行》)

(33) 后不善自改，且复妄言，我当焚汝庐，戕汝家矣！(高启《书博鸡者事》)

仿(做)　效(俲)　学　法　则　摹　拟

这组词都有"照着做"的意思。例如：

(1) 崇效天，卑法地。(《周易·系辞上》)

(2) 仿古人作六经，又为《中说》以拟《论语》。(《新唐书·

王绩传》)

(3) 学于古训，乃有获。(《尚书·说命下》)

(4) 遵后稷、公刘之业，则古公、公季之法。(《史记·周本纪》)

(5) 若是，三代不足摹，圣人未可师也。(仲长统《昌言·损益》)

【辨析】

一、从动作行为的方式上看，"仿"、"效"、"学"较接近，"法"、"则"较接近，"摹"、"拟"较接近。

"仿"、"效"、"学"侧重于照着别人的做法去做。"仿"、"效"多连用。例如：

(6) 天命不彻，我不敢效我友自逸。(《诗经·小雅·十月之交》)

(7) 边远下士，亦竞相仿效。(王符《潜夫论·浮侈》)

(8) 他植者，虽窥伺效慕，莫能如也。(柳宗元《种树郭橐驼传》)

(9) 陈相见许行而大悦，尽弃其学而学焉。(《孟子·滕文公上》)

(10) 学母无不为，晓妆随手抹。(杜甫《北征》)

"法"、"则"侧重于按照已有的规矩行事，如法则、王道、制度等，有"沿袭"的含义。"则"常和"效"交替使用或连用。例如：

(11) 上胡不法先王之法？(《吕氏春秋·察今》)

(12) 然而不法礼，不足礼，谓之无方之民；法礼，足礼，谓之有方。(《荀子·礼论》)

(13) 河出图，洛出书，圣人则之。(《周易·系辞上》)

(14) 君子是则是效。(《诗经·小雅·鹿鸣》)

(15) 黜远外戚，毋授以政，皆罢，令就第，以则效先帝之所行。(《汉书·刘向传》)

"摹"、"拟"侧重于比照样子写或画。例如：

(16) 及碑始立，其观视及摹写者，车乘日千余两。(《后汉书·

蔡邕传》)——两：同"辆"。

（17）衡乃拟班固《两都》，作《二京赋》。(《后汉书·张衡传》)

二、从动作行为涉及的对象上看，"仿"、"效"、"学"多指仿效他人的行为，而"仿"、"效"较特殊，除可用于好的行为外，也可用于坏的行为。例如：

（18）夫邮而效之，邮又甚焉。(《国语·晋语四》)——邮：过也。

（19）比来天下奢靡，转相倣傚。(《三国志·魏志·徐邈传》)

（20）人臣有密启者，非谗即佞，臣常恶之，岂可效尤？(《宋史·李沆传》)

"学"所涉及的对象不像"仿"、"效"那样可用于正反两方面，也不像"法"、"则"那样限于较正规传统的事物，而是较为简单易行的动作行为。如例（10），又例如：

（21）弱子戏我侧，学语未成音。(陶渊明《和郭主簿》)

（22）童孙未解供耕织，也傍桑阴学种瓜。(范成大《四时田园杂兴》)

"摹"、"拟"的对象也各有侧重。"摹"多用于碑帖画卷，"拟"多是诗词文章。

陈　列　罗　布　设　置　施

这组词都表示"有条理、有次序地布置、安排人或事物"的意思。例如：

（1）陈竽瑟兮浩倡。(《楚辞·九歌·东皇太一》)

（2）列笾豆。(《礼记·乐记》)

（3）从车罗骑。(《汉书·贾山传》)

（4）祓殡而襚，则布币也。(《左传·襄公二十九年》)——布币：陈列币帛。

(5) 圣人设卦观象。(《周易·系辞上》)
(6) 猗与那与，置我鞉鼓。(《诗经·商颂·那》)
(7) 中有都柱，傍行八道，施关发机。(《后汉书·张衡传》)

【辨析】

一、从意义关系上看，这组词中，"陈"、"列"、"罗"、"布"较接近，"设"、"置"、"施"较接近，但又各有所侧重。

"陈"侧重于陈列，即摆给人看，有较强的静态感。例如：

(8) 於粲洒埽，陈馈八簋。(《诗经·小雅·伐木》)
(9) 而秦法……诸郎中执兵，皆陈殿下，非有诏不得上。(《战国策·燕策三》)
(10) 山肴野蔌，杂然而前陈者，太守宴也。(欧阳修《醉翁亭记》)

"列"侧重于排列，有较强的次序性。例如：

(11) 虎鼓瑟兮鸾回车，仙之人兮列如麻。(李白《梦游天姥吟留别》)
(12) 而五人亦得以加其土封，列其姓名于大堤之上。(张溥《五人墓碑记》)
(13) 四顾奇峰错列，众壑纵横。(《徐霞客游记·游黄山后记》)

"罗"和"布"较接近，都侧重于平面上的分布，不过"罗"多指事物的自然分布，而"布"则多指人为地将事物分布开。成语"星罗棋布"就道出了这个特点。例如：

(14) 旁罗日月星辰。(《史记·五帝本纪》)
(15) 秋兰兮麋芜，罗生兮堂下。(《楚辞·九歌·少司命》)
(16) 欲印，则以一铁范置铁板上，乃密布字印，满铁范为一板。(《梦溪笔谈·技艺》)
(17) 乡民蚁拥蜂攒，布满山麓。(《广东军务记·三元里抗英》)

"布"有时也指事物的自然分布。例如：

(18) 梁周连纹，笼山络野，列卒周匝，星罗云布。(班固《两

都赋》）

(19) 潭中鱼可百许头，皆若空游无所依，日光下彻，影布石上。（柳宗元《小石潭记》）

虽然"陈"、"列"、"罗"、"布"各有侧重，但在一定的语境中，都向一定的共同意义靠近。例如：

(20) 太保率西方诸侯，入应门左，……皆布乘黄朱。（《尚书·康诰》）

(21) 罗千乘于林莽，列万骑于山隅。（扬雄《长杨赋》）

(22) 极目四望，则见城堡、冈峦、溪涧、树林，森然布列。（薛福成《观巴黎油画记》）

"设"、"置"多指为了某种需要而作出某种安排。二者相近之处颇多。例如：

(23) 公子于是乃置酒大会宾客。（《史记·魏公子列传》）

(24) 便要还家，设酒杀鸡作食。（陶渊明《桃花源记》）

(25) 园日涉以成趣，门虽设而常关。（陶渊明《归去来兮辞》）

(26) 迨诸父异爨，内外多置小门。（归有光《项脊轩志》）

但对于大场面、大规模的安排，则多用"设"。例如：

(27) 张乐设饮，郊迎三十里。（《战国策·秦策一》）

(28) 秦王斋五日后，乃设九宾礼于廷，引赵使者蔺相如。（《史记·廉颇蔺相如列传》）

(29) 惟天有设险，剑门天下壮。（杜甫《剑门》）

可见"设"的适用对象比"置"广。

"施"侧重于有条理地安置。如例（7）。又例如：

(30) 于厅事之东北角，施八尺屏障。（林嗣环《秋声诗自序》）

二、从适用对象上看，"陈"、"设"、"列"可用于人或事物，而"罗"、"布"、"置"、"施"多用于事物。

树 艺 种 植

这组词都有"栽种"的意思。例如:

(1) 今霜降而树谷,冰泮而求获,欲其食则难矣。(《淮南子·人间训》)

(2) 艺之荏菽,荏菽旆旆。(《诗经·大雅·生民》)

(3) 今其民皆种麦,无他种矣。君若欲害之,不若一为下水,以病其所种。下水,东周必复种稻。(《战国策·东周策》)

(4) 蓟丘之植,植於汶篁。(《战国策·燕策二》)

【辨析】

一、从意义形成上看,"树"的本义是植树。"树之本谊为树立,盖植木为树。"(《增订殷虚书契考释》)例如:

(5) 树之榛栗,椅桐梓漆。(《诗经·鄘风·定之方中》)

(6) 欲致鸟者先树木。(《淮南子·说山训》)

"艺"的本义是栽植农作物。例如:

(7) 不能艺黍稷。(《诗经·唐风·鸨羽》)

"树"、"艺"连用,也指栽种谷物。例如:

(8) 后稷教民稼穑,树艺五谷。(《孟子·滕文公上》)

(9) 欲以树艺佐其急,且备异日也。(徐光启《甘薯疏序》)

"种"的本义是播种谷物,即把种子埋入土中。"种者,以谷播于土,因之名谷可种者曰种。"(《说文解字》段玉裁注)例如:

(10) 种谷必杂五种,以备灾害。(《汉书·食货志上》)

(11) 一丘之禾,则后种者晚实。(《梦溪笔谈·药议》)

"植"表示"栽种"的意义多用于竹木花草,几乎不用于农作物。例如:

(12) 耕植不足以自给。(陶渊明《归去来兮辞序》)

显然是以"耕"表示农作物的栽种。

二、从词义的适用对象上看,"艺"侧重于栽种谷物(用例见

前),"植"侧重于栽培竹木花草。例如:

(13) 瑶草寒不死,移植沧江滨。(李白《送郄昂谪巴中》)
(14) 又杂植兰桂竹木于庭。(归有光《项脊轩志》)

"树"、"种"的适用对象较广泛。"树"可用于树木花草、五谷杂粮多种对象。例如:

(15) 益树莲菱,以食鳖鱼。(《淮南子·本经训》)
(16) 所食之粟,伯夷之所树与。(《论衡·刺孟》)

"种"也可用于树木花草。例如:

(17) 种之黄茂,实方实苞。(《诗经·大雅·生民》)
(18) 东西植松柏,左右种梧桐。(《玉台新咏·古诗为焦仲卿妻作》)

三、在词义范围上,"树"、"种"的引申意义较多,"树"尤其多。多用于树立其他事物,包括抽象事物,如道德功绩等。例如:

(19) 三代种德而王。(《淮南子·人间训》)
(20) 一年之计,莫如树谷;十年之计,莫如树木;终身之计,莫如树人。(《管子·权修》)
(21) 内自虚而外树怨于诸侯,求国无危,不可得也。(李斯《谏逐客书》)
(22) 故有人先谈,则以枯木朽株树功而不忘。(《史记·鲁仲连邹阳列传》)

"艺"、"植"不大有这种引申意义。

藏(臧) 贮 储 蓄(畜)

这组词都有"把东西储存、收藏起来"的意思。例如:
(1) 货恶其弃于地也,不必藏于己。(《礼记·礼运》)
(2) 我有衣冠,而子产贮之。(《吕氏春秋·乐成》)
(3) 丰年岁登,则储积以备乏缺。(《盐铁论·力耕》)
(4) (仲秋之月)务畜菜。(《礼记·月令》)

【辨析】

一、这组词在语义侧重点上略有不同。"藏"的本义是把谷物保藏起来。例如：

(5) 农夫春耕，夏耘，秋敛，冬藏。(《墨子·三辩》)

后来泛指收藏东西，故"藏"侧重于把东西保存收藏起来，不强调数量的积累，而强调保存的效果。例如：

(6) 足国之道，节用裕民而善藏其余。(《荀子·富国》)

(7) 善刀而藏之。(《庄子·养生主》)

(8) 仆诚已著此书，藏之名山，传之其人。(司马迁《报任安书》)

"贮"是"贮存"、"贮藏"的意思，有将一定数量的东西存贮起来的含义，常和"积"连用。例如：

(9) 夫积贮者，天下之大命也。(贾谊《论积贮疏》)

(10) 废居积贮，满于都城。(仲长统《昌言·理乱》)

"储"是"储存"、"储藏"的意思，有"积蓄起来储藏"的含义，常和"积"、"蓄"等连用，带有"为一定的目的而储存"的意义。例如：

(11) 古者急耕稼之业，致耒耜之勤，节用储蓄，以备凶灾。(《后汉书·章帝纪》)

(12) (何)并度其为变，储兵马以待之。(《汉书·何并传》)

"蓄"有"保藏"的意思，和"藏"较接近。例如：

(13) 夏取果蓏，秋蓄蔬食。(《淮南子·主术训》)——蓏(luǒ)：瓜类植物的果实。疏，同蔬。

也有"积蓄起来储藏"的意思，和"储"较接近，常和"积"连用。例如：

(14) 繁启蕃长于春夏，畜积收藏于秋冬。(《荀子·天论》)

(15) 而国亡捐瘠者，以畜积多而备先具也。(晁错《论贵粟疏》)

二、从词义的适用对象上看，"藏"比其他词广泛，具体事物或抽象事物都可以用。前述例句中已可看出。又如：

(16) 君子藏器于身，待时而动。(《周易·系辞下》)
(17) 我有斗酒，藏之久矣。(苏轼《后赤壁赋》)
(18) 有张氏藏书甚富，往借不与。(袁枚《黄生借书说》)

选 择 取 拣

这一组词都可以表示"从若干人或事物中寻找好的或适合要求的"这一类行为。

"选"是"挑出"、"选拔"的意思。例如：
(1) 选贤举能。(《礼记·礼运》)
(2) 天生丽质难自弃，一朝选在君王侧。(白居易《长恨歌》)
(3) 五万兵难卒合，已选三万人。(《资治通鉴·汉献帝建安十三年》)

"择"是"选择"、"挑选"的意思。例如：
(4) 鸟则择木，木岂能择鸟？(《左传·哀公十一年》)
(5) 三人行，必有我师焉，择其善者而从之，其不善者而改之。(《论语·述而》)
(6) 择良友而友之。(《荀子·性恶》)

"取"是"选取"、"挑取"的意思。例如：
(7) 二者不可得兼，舍鱼而取熊掌者也。(《孟子·告子上》)
(8) 今取人则不然，不问可否，不论曲直。(李斯《谏逐客书》)
(9) 此所以学者不可以不深思慎取之也。(王安石《游褒禅山记》)

"拣"是"挑拣"、"拣取"的意思。例如：
(10) 越王粟稔，拣择精粟，而蒸还于吴。(《吴越春秋·勾践阴谋外传》)——稔：成熟。
(11) 拣其精健为兵。(《三国志·吴志·贺齐传》)

(12) 虽古人糟粕、真伪相乱，而披沙拣金，有时获宝。(刘知几《史通·直书》)

【辨析】

这一组词中，"选"表示的行为目的和结果侧重于"找出好的、优秀的或出众的"，"择"则侧重于"找到符合条件或要求的"，"取"侧重于表示"找到最重要的、最合适的"，含有"取此舍弃其他"的意味，所以"取"常同"舍"对举连用；"拣"和"择"很接近，但"挑选"的意味更重。试比较下面几例：

(13) 选好穗绝色者。(贾思勰《齐民要术·收种》)
(14) 故君子居必择乡，游必就士。(《荀子·劝学》)
(15) 同县孟氏有女，……择对不嫁，至年三十。(《后汉书·梁鸿传》)——对：配偶，对象。
(16) 二者不可得兼，舍生而取义也。(《孟子·告子上》)
(17) 拣尽寒枝不肯栖，寂寞沙洲冷。(苏轼《卜算子》)

寻 觅 搜(廋、蒐) 索 探 求

这组词都有"寻找"的意思。例如：

(1) 虽一龙发机，而七首不动，寻其方面，乃知震之所在。(《后汉书·张衡传》)
(2) 涉舟航而觅路。(《晋书·武帝纪》)
(3) 于是讲八代之礼，蒐三王之乐。(陆机《辨亡论》)
(4) 索天下之隐事遗利，以上事天。(《墨子·尚贤》)
(5) 《春秋》深探其本，而反自贵者始。(《汉书·董仲舒传》)
(6) 求仁而得仁，又何怨？(《论语·述而》)

【辨析】

一、从词义的适用对象和行为方式上看，这组词中，"寻"和"觅"较相近，"搜"和"索"较相近，"探"和"求"较相近。

"寻"、"觅"的对象往往是已知的、具体的，动作涉及的范围也比较确定。例如：

(7) 太守即遣人随其往，寻向所志。(陶渊明《桃花源记》)

(8) 明知在篱外，行到却难寻。(陆游《早梅》)

(9) 力士传呼觅念奴，念奴潜伴诸郎宿。(元稹《连昌宫词》)

(10) 千古江山，英雄无觅孙仲谋处。(辛弃疾《永遇乐·京口北固亭怀古》)

"觅"有时也可用于较抽象的事物。例如：

(11) 忽见陌头杨柳色，悔教夫婿觅封侯。(王昌龄《闺怨》)

"搜"、"索"的对象常是隐蔽的人或物，其对象多是确定的，动作涉及的范围较广泛。例如：

(12) 惠子相梁，庄子往见之。或谓惠子曰："庄子来，欲代子相。"于是惠子恐，搜于国中，三日三夜。(《庄子·秋水》)

(13) 时太子詹事周舍撰礼疑义，自汉魏至于齐梁，并加搜采。(《梁书·孔休源传》)

(14) 乃令天下大索十日。(《史记·秦始皇本纪》)

(15) 吹毛索疵。(《后汉书·杜林传》)

"探"的对象多是隐藏的抽象事物、艰深的道理或奇险的境地。例如：

(16) 已探先君之邪志。(《谷梁传·隐公元年》)

(17) 冥探孔、佛之精奥。(梁启超《戊戌政变记·谭嗣同传》)

(18) 因念黄山当平生奇览，而有奇若此，前未一探，兹游快且愧矣！(《徐霞客游记·游黄山后记》)

"求"的对象较广泛，可以是具体的确定的事物，也可以是抽象的道理，并且动作有较强的主动性。例如：

(19) 嘤其鸣矣，求其友声。(《诗经·小雅·伐木》)

(20) 于是太子预求天下之利匕首。(《战国策·燕策三》)

(21) 海客谈瀛洲，烟涛微茫信难求。(李白《梦游天姥吟留别》)

(22) 而陋者乃以斧斤考击而求之，自以为得其实。(苏轼《石

钟山记》)

(23) 予更欲一觇北,归而求救国之策。(文天祥《指南录后序》)

二、从词义的程度轻重上看,"搜"、"索"比其他词重,"寻"、"觅"较轻。在词义范围上,"求"较广泛,有"寻求"、"探求"、"追求"的意思,其他词各有侧重。"寻"、"觅"侧重于"寻找"、"寻求","搜"、"索"侧重于"查找","探"侧重于"探求"。

三、依意义的接近程度,这组词在相互关系上也有一些选择。"寻"、"觅"常常连用,连用后程度有所加重。例如:

(24) 复云此树应有大鹊巢,众索之不得,璞更令寻觅,果于枝间得一大鹊巢,密叶蔽之。(《晋书·郭璞传》)

"索"本来比单用的"寻"、"觅"程度重,但"寻觅"连用,则程度超出"索"。例如:

(25) 峡中寻觅常逢雨,月里依稀更有人。(李商隐《题二首后重有戏赠任秀才》)

(26) 寻寻觅觅,冷冷清清,凄凄惨惨戚戚。(李清照《声声慢》)

"搜"、"索"常连用或交替使用。例如:

(27)(阳)虎曰:"臣居鲁,树三人,皆为令尹,及虎抵罪于鲁,皆搜索于虎也。"(《韩非子·外储说左下》)

(28) 直突入其门,廋索私屠酤。(《汉书·赵广汉传》)——屠酤:以宰杀牲畜或卖酒为职业的人。

(29) 搜林索险。(曹植《七启》)

"求"、"索"也常连用,连用后有"追求"的意思。例如:

(30) 路曼曼其修远兮,吾将上下而求索。(屈原《离骚》)

(31) 求索不得,货赂不至。(《韩非子·孤愤》)

盗 窃 攘 偷

这一组词都可以表示"偷盗"这种行为。例如:

(1) 盗器为奸。(《左传·文公十八年》)

(2) 窃货曰盗。(《荀子·修身》)

(3) 至攘人犬豕鸡豚者,其不义又甚入人园圃窃桃李。(《墨子·非攻上》)

(4) 楚有善为偷者,往见(子发)曰:"闻君求技道之士,臣偷也。"(《淮南子·道应训》)

【辨析】

一、这一组词表示"偷盗"这一意义的时代不同。先秦时期,表示"偷盗"意义只用"盗"、"窃"、"攘",而不用"偷"。例如:

(5) 君子不为盗,贤人不为窃。(《庄子·山木》)

(6) 视人之室若其室,谁窃?(《墨子·兼爱上》)

(7) 今民生长于齐不盗,入楚则盗,得无楚之水土使民善盗耶?(《晏子春秋·内篇杂下第六》)

(8) 吾党有直躬者。其父攘羊而子证之。(《论语·子路》)——党:古代五百家为党。直躬者:以正直立身的人。

(9) 今有人日攘其邻之鸡者。或告之曰:"是非君子之道。"曰:"请损之,月攘一鸡。"(《孟子·滕文公下》)

"偷"在先秦时期只当"苟且"讲。例如:

(10) 令数变,众偷,可败也。(《孙子·将失》)

汉代以后,"偷"才产生"偷窃"的意义。例如:

(11) 攻其劫者为上,偷盗者次之。(《后汉书·虞诩传》)

(12) 王母种桃,三千年一作子,此儿不良,已三过偷之矣。(班固《汉武故事》)

(13) 嫦娥应悔偷灵药,碧海青天夜夜心。(李商隐《嫦娥》)

汉代以后,"攘"表示"偷盗"意义的用法就很少了。

二、这一组词所表示的行为的对象不同,"攘"的对象多为动物(家畜家禽。见前举例);"偷"的对象多为较小的物品;"盗"、"窃"的对象范围较大,使用较广。例如:

(14) 人有亡铁者,意其邻之子,视其行步,窃铁也;颜色,窃铁也;言语,窃铁也;动作态度,无为而不窃铁也。(《吕氏春秋·

去尤》）——铁：通"斧"。

（15）彼窃钩者诛，窃国者为诸侯。（《庄子·胠箧》）
（16）最下坐有能为狗盗者。（《史记·孟尝君列传》）
（17）始吾从若饮，我不盗而璧，若笞我。若善守汝国，我顾且盗而城！（《史记·张仪列传》）

三、这一组词中，"盗"、"偷"还可以表示"偷盗的人"，"窃"、"攘"都没有这种用法。例如：

（18）故人无师法而知则为盗，勇则为贼。（《荀子·儒效》）——知：同"智"。
（19）（偷长）置酒，小偷悉来贺，且饮醉。（《汉书·张敞传》）——偷长：小偷的头目。

"盗"在上古还可以表示"强盗"。例如：
（20）圣人生而大盗起。（《庄子·胠箧》）

后来，"盗"同"偷"的区别逐渐明显，就分别指"强盗"和"小偷"了。

养 育 保 抚 畜

这组词都有"养活"的意义。例如：
（1）使老有所终，壮有所用，幼有所长，矜寡孤独废疾者皆有所养。（《礼记·礼运》）
（2）载生载育，时维后稷。（《诗经·大雅·生民》）
（3）夫义所以生利也，祥所以事神也，仁所以保民也。（《国语·周语中》）
（4）抚其老弱。（《三国志·吴志·吴主传》）
（5）是故明君制民之产，必使仰足以事父母，俯足以畜妻子。（《孟子·梁惠王上》）

【辨析】
一、在意义的形成上，这组词有所不同。"养"、"育"的本义是

生育。例如:

(6) 天地养万物。(《周易·颐》)

(7) 妇孕不育,失其道也。(《周易·渐》)

由这个意义引申出"养活、养育"的意义。"保"的本义即是养育、抚养,而"抚"的"养育"义则距本义较远,但意义形成却较早。如《诗经·小雅·蓼莪》:"父兮生我,母兮鞠我,拊我畜我,长我育我。"其中的"拊"即是"抚"。"畜"的本义是饲养禽兽,例如:

(8) 君赐生,必畜之。(《论语·乡党》)

由这个意义引申到养育人口。

二、在适用对象上,"养"、"育"较侧重于对长辈的供奉,含有"赡养"、"奉养"的意义。例如:

(9) 今之孝者,是谓能养。(《论语·为政》)

(10) 应于兄弟,事长养老。(《管子·大匡》)

(11) 勤心养公姥,好自相扶将。(《玉台新咏·古诗为焦仲卿妻作》)

(12) 伏惟圣朝以孝治天下,凡在故老,犹蒙矜育。(李密《陈情表》)——矜:怜惜。

也可泛指养育一般人。例如:

(13) 杨家有女初长成,养在深闺人未识。(白居易《长恨歌》)

(14) 天地不能不生人,而天地之所以养人者,原不过此数也。(洪亮吉《治平篇》)

(15) 朕下不能理育群生,……(《史记·文帝本纪》)

"保"、"抚"侧重于抚养幼弱之人。例如:

(16) 若保赤子。(《尚书·康诰》)

(17) 夫腹饥不得食,肤寒不得衣,虽慈母不能保其子。(晁错《论贵粟疏》)

(18) 愈生未再周月,孤立怙恃,李怜不忍弃去,视保益谨。(韩愈《乳母墓志铭》)

(19) 帝以后无子,命令养之。……后于是尽心抚育,劳悴过于所生。(《后汉书·明德马皇后纪》)

(20) 祖母刘，愍臣孤弱，躬亲抚养。(李密《陈情表》)
(21) 依新已五岁，转眼成人，汝其善抚之，使之肖我。(林觉民《与妻书》)

另外，"养"、"育"也可以用于动植物，"保"、"抚"没有这种用法。例如：

(22) 养桑麻，育六畜也。(《管子·牧民》)
(23) 西江贾客珠百斛，船中养犬长食肉。(张籍《野老歌》)
(24) 市中游侠儿得佳者笼养之。(《聊斋志异·促织》)

三、在词义范围上，"养"比其他词宽泛，还有"保养"的意义。例如：

(25) 文惠君曰："善哉！吾闻庖丁之言，得养生焉。"(《庄子·养生主》)
(26) 养怡之福，可得永年。(曹操《步出夏门行·龟虽寿》)
(27) 王公贵人所以养其身者，岂不至哉？(苏轼《教战守策》)

其他几个词没有这种意义。

变化　终止

终　罢　毕　竟　讫　成　就

这一组词都可以表示"结束"、"完成"的意思，同表示"开始"意义的词相对。

"终"表示动作、事情的结束。例如：

(1) 曲终收拨当心画，四弦一声如裂帛。(白居易《琵琶行》)
(2) 言未终，姥至，询其故。(白行简《李娃传》)

也可以表示完成某一事情。例如：

(3) 羊子感其言，复还终业。(《后汉书·列女传·乐羊子妻》)

"罢"也可以表示事情的结束或动作的停止,这一点同"终"很相近。例如:

(4)及反,市罢,遂不得履。(《韩非子·外储说左上》)

(5)既罢归国,以相如功大,拜为上卿。(《史记·廉颇蔺相如列传》)

(6)来如雷霆收震怒,罢如江海凝清光。(杜甫《观公孙大娘弟子舞剑器行》)

"罢"同"终"的区别是,"罢"一般侧重于表示人们主动地去结束某件事情。例如:

(7)(孙权)乃罢会。(《资治通鉴·汉献帝建安十三年》)

(8)于是罢酒。侯生遂为上客。(《史记·魏公子列传》)

(9)罢弈而请去。(杜光庭《虬髯客传》)

"毕"、"竟"多表示动作行为整个过程的完成。例如:

(10)若入前为寿;寿毕,请以剑舞。(《史记·项羽本纪》)

(11)语未毕,而大声忽发。(李朝威《柳毅传》)

(12)此印者才毕,则第二板已具。(《梦溪笔谈·技艺》)

(13)歌竟长叹息。(陶渊明《拟古》)

(14)语竟,引别东去。(李朝威《柳毅传》)

(15)客抽腰间匕首,切肉共食,食竟,余肉乱切送驴前食之。(杜光庭《虬髯客传》)

"毕"、"竟"也可以表示"完成或结束某件事情"。例如:

(16)卒廷见相如,毕礼而归之。(《史记·廉颇蔺相如列传》)

(17)秦王竟酒终不能加胜于赵。(《史记·廉颇蔺相如列传》)

"讫"多用于表示言语方面的动作结束或完成,用于其他方面较少。例如:

(18)坐语未讫。(《汉书·赵广汉传》)

(19)(客)言讫,与其妻从一奴,乘马而去。(杜光庭《虬髯客传》)

(20)刈讫则速耕。(贾思勰《齐民要术·大豆》)

"成"、"就"一般多用于表示工作、事情的完成。例如:

(21) 公输盘为楚造云梯之械,成,将以攻宋。(《墨子·公输》)

(22) 衡乃拟班固《两都》作《二京赋》,……十年乃成。(《后汉书·张衡传》)

(23) 曲罢曾教善才服,妆成每被秋娘妒。(白居易《琵琶行》)

(24) 三窟已就,君姑高枕为乐矣。(《战国策·齐策四》)

(25) 又欲继孔子《易》说《彖》、《象》残缺者,竟不能就。(《后汉书·张衡传》)

(26) 更互用之,瞬息可就。(《梦溪笔谈·技艺》)

【辨析】

一、从语义侧重点来看,"毕"、"罢"、"竟"、"终"、"讫"侧重于表示"结束"意义,"成"、"就"则侧重于表示"完成"意义。

二、从适用范围来看,"毕"、"罢"、"竟"、"讫"多用于具体的动作行为或事情,"成"、"就"多用于工作或事业,特别是"成"。例如:

(27) 诚如是,则霸业可成。(《三国志·蜀志·诸葛亮传》)

"终"适用的范围较大,并且可以表示抽象的"结束"、"完成"。例如:

(28) 终而复始,日月是也。(《孙子·势》)

(29) 善始者实繁,克终者盖寡。(魏征《谏太宗十思疏》)

三、从语义特点来看,"终"强调达到最后阶段,"成"强调完成的结果,含有"大功告成"的意思。"毕"强调整个过程和所有方面都已完成。"罢"表示"完成"的时候较强调人的因素。

四、从语法功能来看,"讫"、"竟"、"终"、"毕"、"就"、"成"多是不及物用法,"罢"的及物用法要比其他几个词多一些。

在这一组词中,"讫"、"竟"、"毕"、"成"都可以做动词的补充成分。"讫"、"竟"作补充成分的用例见前,下面再举几个"毕"、"成"的例子:

(30) 洞庭君览毕,以袖掩面而泣曰:……(李朝威《柳毅传》)

(31) 录毕,走送之。(宋濂《送东阳马生序》)

(32) 十三学得琵琶成,名属教坊第一部。(白居易《琵琶行》)

开 辟 启 发

这组词都可表示使关闭或封闭着的东西不再关闭或封闭,与"关"、"闭"等意义相对。例如:

(1) 隔牖风惊竹,开门雪满山。(王维《冬晚对雪忆胡处士家》)

(2) 一阖一辟谓之变。(《周易·系辞下》)

(3) 启西门而出。(《左传·昭公十九年》)

(4) 时雪方盛,人家外户多不发。(白行简《李娃传》)

【辨析】

一、从意义的形成上看,这组词内部区别较大,有的是本义,有的是引申意义。"开"的本义是开门,与表关门意义的"闭"相对。例如:

(5) 善闭,无关楗而不可开。(《老子》)

由开门推及到开启关卡、窗户等。例如:

(6) 秦人开关而延敌。(贾谊《过秦论上》)

(7) 剑阁峥嵘而崔嵬,一夫当关,万夫莫开。(李白《蜀道难》)

(8) 开轩面场圃,把酒话桑麻。(孟浩然《过故人庄》)

(9) 开户视之,不见其处。(苏轼《后赤壁赋》)

"辟"的本义也是开门。例如:

(10) 晨往,寝门辟矣。(《左传·宣公二年》)

(11) 语毕而宫门辟。(李朝威《柳毅传》)

同"开"相比较,"辟"侧重在"打开了",所以"辟"较少见否定用法，而"开"是侧重开门的动作，如陶渊明《饮酒》："清晨闻叩门，倒裳往自开。""开"也可以用于否定形式，如例（5）。

"启"的本义是打开，多用于门窗。例如：

（12）门启而入。（《左传·襄公二十五年》）

（13）启窗而观，雕栏相望焉。（魏学洢《核舟记》）

（14）狱中成法，质明启钥。（方苞《狱中杂记》）

"发"的本义是把箭射出去。例如：

（15）壹发五豝。（《诗经·召南·驺虞》）

（16）射者正己而后发。（《孟子·公孙丑上》）

用于开门是意义的引申用法，又因有"开"、"启"、"辟"等较常用的同义词，所以实际应用较少。

从以上用例可见，在意义形成上，"开"、"辟"、"启"较早，"发"较迟。

二、从词义的适用对象上看，"开"、"辟"还可以用于口和眼。例如：

（17）公子诚一开口请如姬，如姬必许诺。（《史记·魏公子列传》）

（18）公辨其声，而目不可开。（方苞《左忠毅公逸事》）

（19）巫从旁望空代祝，唇吻翕辟。（《聊斋志异·促织》）

此外，"开"、"发"还可以用于将封闭着的东西打开。例如：

（20）独下千行泪，开君万里书。（庾信《寄王琳》）

（21）惟有书、画、砚、墨可五七簏，……常在卧榻下，手自开阖。（李清照《金石录后序》）

（22）秦王发图，图穷而匕首见。（《史记·刺客列传》）

（23）成有子九岁，窥父不在，窃发盆。（《聊斋志异·促织》）

三、在词义范围上，"开"、"辟"、"发"各有一些引申意义或特指意义。"开"、"辟"还有"打通"的意义，用于改变封闭状态，形成洞开的情形。例如：

（24）旁开小窗，左右各四，共八扇。（魏学洢《核舟记》）

（25）前辟四窗，垣墙周延，以当南日，日影反照，室始洞然。（归有光《项脊轩志》）

（26）观览采择，得以开心通意，晓解觉悟。（《论衡·艺增》）

"发"又由打开意义而引申到特指开放粮仓赈济灾民。例如：

（27）散鹿台之财，发钜桥之粟，大赉于四海，而万姓悦服。（《尚书·武成》）

（28）使桓公发仓囷而赐贫穷。（《韩非子·难一》）

此外，"发"还有"掀开"的意义。例如：

（29）于是大风从西北而起，折木发屋。（《史记·项羽本纪》）——屋：此处指屋顶。

关　闭　掩　阖

这组词都可表示使敞开或打开的东西不再开着，与"开"、"辟"等意义相对。例如：

（1）园日涉以成趣，门虽设而常关。（陶渊明《归去来兮辞》）

（2）盗窃乱贼而不作，故外户而不闭。（《礼记·礼运》）

（3）席门常掩，三径裁通。（《南史·袁粲传》）

（4）一阖一辟谓之变。（《周易·系辞上》）

【辨析】

一、从意义的形成上看，这组词内部区别较大，有的是本义，有的是引申意义。"关"的本义是门闩。《说文》："关，以木横持门户也。"例如：

（5）臧孙斩鹿门之关以出奔邾。（《左传·襄公二十三年》）

用于"关闭"是意义的引申，多用于关闭城门。例如：

（6）城郭不关。（《淮南子·览冥训》）

（7）轿夫叫船上人，怖以关门，灯笼火把如列星，一一簇拥而去。（张岱《西湖七月半》）

"闭"的本义是关门，在古代与"开"相对。由关闭城门推及关

卡和一般的门窗。例如:

(8) 季子将入,遇子羔将出,曰:"门已闭矣。"(《左传·哀公十五年》)

(9) 先王以至日闭关,商旅不行。(《周易·复》)

(10) 子灿见窗户皆闭,惊问信之。(魏禧《大铁椎传》)

"掩"的本义是遮蔽、掩盖,由这个意义引申到关闭门户。例如:

(11) 垂柳阴阴昼掩扉。(苏轼《和子由首夏官舍即事》)

(12) 公阅毕,即解貂覆生,为掩户。(方苞《左忠毅公逸事》)

"阖"的本义是门扇。《尔雅·释宫》:"阖谓之扉。"例如:

(13) (仲秋之月)是月也,耕者少舍,乃修阖扇。(《礼记·月令》)

(14) 同闬不可以毋阖。(《管子·八观》)——毋:同无。

由这个意义引申到关门。例如:

(15) 检敕宗族,阖门静居。(《后汉书·邓骘传》)

(16) 比去,以手阖门。(归有光《项脊轩志》)

从以上用例可见,在意义形成上,"闭"、"关"较早,"掩"、"阖"较迟。

二、在词义的适用对象上,"闭"、"阖"还可以用于口和眼。例如:

(17) 愿陈子闭口,毋复言。(《史记·张仪列传》)

(18) 困酣娇眼,欲开还闭。(苏轼《水龙吟·次韵章质夫杨花词》)

(19) 欲阖口而无言兮,尝被吾之厚德。(《楚辞·七谏·谬谏》)

三、在词义上,"闭"还有"封闭"的意义,用于将可以散发或敞开的东西封住。例如:

(20) 每薄暮下管键,矢溺皆闭其中,与饮食之气相薄。(方苞《狱中杂记》)

(21) 先生救我时，束缚我足，闭我囊中。（马中锡《中山狼传》）

与这个意义相近，"闭"还有"闭锁"的意义，多用于将宫女闭置深宫之中。例如：

(22) 上阳人，上阳人，红颜暗老白发新。绿衣监使守宫门，一闭上阳多少春。（白居易《上阳白发人》）

(23) 君不见咫尺长门闭阿娇，人生失意无南北。（王安石《明妃曲》）

也用于闭置车中的新嫁娘。例如：

(24) 向车中，闭置如新妇。（刘克庄《贺新郎·送陈真州子华》）

可见在词义范围上，"闭"比其他词广。

增（曾） 加 益 补 裨 重

这组词都可表示"增加"的意思，同表示"减少"意义的词相对。

"增"多表示在原有的基础上加多。例如：

(1) 子子孙孙无穷匮也，而山不加增。（《列子·汤问》）

(2) 然言其户口，则视三十年以前增五倍焉，视六十年以前增十倍焉，视百年、百数十年以前不啻增二十倍焉。（洪亮吉《治平篇》）

"加"是"添加"的意思，词义比"增"稍重一些。例如：

(3) 万钟则不辨礼义而受之，万种于我何加焉！（《孟子·告子上》）

(4) 否则三缢加别械，然后得死。（方苞《狱中杂记》）

"益"既可以表示"增加"，也可以表示"补加"。例如：

(5) 季世富于周公，而（冉）求也为之聚敛而附益之。（《论语·先进》）

(6) 先王之法，经乎上世而来者也，人或益之，人或损之。

(《吕氏春秋·察今》)

"补"、"裨"是"补加"的意思,多表示对缺少的或不足的方面给以增加。例如:

(7) 有余者损之,不足者补之。(《老子》)

(8) 汉王数失军遁去,(萧)何常兴关中卒,辄补缺。(《史记·萧相国世家》)

(9) 子若能以忠信赞君,而裨诸侯之阙。(《国语·晋语八》)

(10) 必能裨补阙漏,有所广益。(诸葛亮《出师表》)

"重"是"再加上"的意思,多表示"递加"的意义。例如:

(11) 纷吾有此内美兮,又重之以修能。(屈原《离骚》)——纷:繁盛、众多。修能:长足的才能。

(12) 故赏以酒肉,而重之以辞。(柳宗元《送薛存义序》)

【辨析】

一、从意义上看,这一组词中,"增"、"益"较接近,多表示就原有的基础予以增加;"加"、"重"较接近,多表示"另外添加上"的意思,词义较重;"补"、"裨"较接近,多表示"补加"的意思。

二、"益"、"加"多用于表示数量的增加或范围的扩大,"重"侧重于表示程度的加重,"增"表示的范围较大。例如:

(13) 养其根而竢其实,加其膏而希其光。(韩愈《答李翊书》)——竢其实:等待(果树)结出果实。希其光:希望(灯)发出光明。

(14) 至于斟酌损益,进尽忠言,则攸之、祎、允之任也。(诸葛亮《出师表》)

(15) 今子相随,是重吾祸也。(《后汉书·范滂传》)

(16) 今故兴事动众,以增国城,是重我罪也。(《吕氏春秋·制乐》)

(17) 前年予病,汝终宵刺探,减一分则喜,增一分则忧。(袁枚《祭妹文》)

"补"、"裨"虽然都表示"补加"的意思,但"补"使用的范

围大一些,"裨"则一般多表示一些抽象的补加。例如:

(18) 稀豁之处,锄而补之。(贾思勰《齐民要术·种谷》)

(19) 死何裨益?不如自行搜觅,冀有万一之得。(《聊斋志异·促织》)

三、从使用上来看,在表示"增加"这一意义上,"增"、"加"、"益"、"补"使用较多,使用范围也较广;"裨"、"重"使用较少,使用范围也较窄。

减 损 少 省 节 削

这组词都表示"减少"的意思,同表示"增加"意义的词相对。"减"多表示数量的减少。例如:

(1) 增一分则太长,减一分则太短。(宋玉《登徒子好色赋》)

(2) 初,(桓)荣受朱普学章句四十万言。……及荣入授显宗,减为二十三万言。(《后汉书·桓郁传》)

"损"是"减少"、"减损"的意思。例如:

(3) 天之道损有余而补不足,人之道则不然,损不足以奉有余。(《老子》)

(4) 取于有余,以供上用,则贫民之赋可损。(晁错《论贵粟疏》)

"少"是"减少"、"减弱"的意思。例如:

(5) 奸财货贾得用于市,则商人不少矣。(《韩非子·五蠹》)

(6) 欲天下之治安,莫若众建诸侯而少其力。(贾谊《治安策》)——治安:和平安定。众建:多封(诸侯)。

"省"是"减少"、"精简"的意思。例如:

(7) 修城郭,贬食省用。(《左传·僖公二十一年》)

(8) (孙权)诏省徭役,减征赋,除民所患苦。(《三国志·吴志·吴主传》)

(9) 省吏不如省官,省官不如省事。(《晋书·荀勖(xù)传》)

"节"是"节省"的意思。例:

(10) 宥罪戾,节器用。(《左传·成公·十六年》)——宥(yòu):宽恕。

(11) 强本而节用,则天不能贫。(《荀子·天论》)

"削"是"减少"、"削减"的意思。例如:

(12) 献图则地削,效玺则名卑。(《韩非子·五蠹》)

(13) 夫晁错患诸侯强大不可制,故请削地以尊京师。(《史记·袁盎晁错列传》)

【辨析】

这一组词在使用范围和动作对象上有一定区别。

"省"、"节"比较接近,"节"一般多用于表示"减少费用、开支","省"比"节"的使用范围要大一些,可以用于表示"减少费用、赋税、事务、人员"等等。

"减"、"损"比较接近,使用范围都比较大,搭配能力也较强,只是"损"的词义比"减"要略重一些。

"少"多用来表示数量的减少,或用于力量的减弱;"削"一般只用于"土地或领土的减少",它们的使用范围都较窄。

传 流 扬 播 布 宣 垂

这组词都有"传播"或"流传"的意思。

"传"、"流"、"扬"概括的范围较大,既可以指在一定范围内的"传播",也可以指在时间上的向后"流传"。例如:

(1) 有善而不知,不明也;知而弗传,不仁也。(《礼记·祭统》)

(2) 师道之不传也久矣。(韩愈《师说》)

(3) 武王既丧,管叔及其群弟乃流言于国。(《尚书·金縢》)

(4) 臣闻明主不恶切谏以博观,忠臣不敢避重诛以直谏,是故事无遗策而功流万世。(《史记·平津侯主父列传》)

(5) 楚王扬言与秦遇,魏王闻之恐。(《战国策·秦策四》)——

遇：投合，相投。

（6）立身行道，扬名于后世。（《孝经·开宗明义》）

"播"、"布"、"宣"一般多表示在一定的范围内传播。例如：

（7）将军弱冠登朝，播名海内。（《后汉书·袁绍传》）

（8）道大名播。（柳宗元《敌戒》）

（9）今上嗣位，元二之间，嘉德布流。（《论衡·恢国》）——元二：建初（汉章帝刘炟年号）元年、二年。

（10）是故德行外著，洪声远布。（蔡邕《彭城姜伯淮碑》）

（11）今君与廉颇同列，廉君宣恶言而君畏匿之，恐惧殊甚。（《史记·廉颇蔺相如列传》）

（12）曾不能以此时有所建树，以宣德化。（杨恽《报孙会宗书》）

"垂"一般表示在时间上向后流传。例如：

（13）（颜延年、谢灵运）并方轨前秀，垂范后昆。（沈约《谢灵运传论》）——方轨前秀，垂范后昆：与前代优秀作家并驾齐驱，给后世子孙留下典范。

（14）诸葛大名垂宇宙。（杜甫《咏怀·古迹》）

【辨析】

这组词在概括范围上的差别前面已经指出，在其他方面它们也还有一些区别。

在表示"在一定范围内传播"这一意义上，"宣"、"扬"较接近，侧重于表示"公开地散布"；"流"、"布"、"播"侧重于表示"广泛地散布"；"传"则侧重于表示"相互间彼此散布"。

在表示"在时间上向后流传"这一意义上，"扬"、"流"侧重于表示事物的自然流传，但"扬"多用于"声誉"、"名声"，"流"使用的范围要大一些，可用于"名声"、"功业"等方面。"垂"侧重于表示"留给后人"，"传"除了表示"自然流传"以外，也可以表示人们主动地传扬。例如：

（15）至桀、纣之暴，犹谓汤、武不当诛之，而妄传伯夷、叔齐

无稽之事。(黄宗羲《原君》)

(16) 声闻不废，流传至今。(《墨子·非命》)

(17) 既不能流芳百世，亦不足复遗臭万载耶？(《世说新语·尤悔》)

(18) 故虽尧舜之盛，必有典谟之篇，然后扬名于世。(《汉书·叙传下》)

聚 集 积 累 会 合 收 敛 纂

这一组词都可以表示"聚集"、"集中"的意思，同表示"分散"意义的词相对。

"聚"是"聚集"、"收集"的意思。例如：

(1) 其商工之民，修治苦窳之器，聚沸靡之财，蓄积待时。(《韩非子·五蠹》)——苦窳(yǔ)，粗劣。

(2) 其始，太医以王命聚之，岁赋其二。(柳宗元《捕蛇者说》)

"集"是"收集"、"集中"的意思。例如：

(3) 夫参署者，集众思，广忠益也。(《三国志·蜀志·董和传》)——参署：参与辅佐。

(4) 凡所宜有之书皆集于此。(宋濂《送东阳马生序》)

"积"是"积聚"的意思。例如：

(5) 积土成山，风雨兴焉；积水成渊，蛟龙生焉；……故不积跬步，无以致千里；不积小流，无以成江海。(《荀子·劝学》)

(6) 众口铄金，积毁销骨。(《史记·张仪列传》)——毁：谗言，坏话。

(7) 聚少成多，积小致巨。(《汉书·董仲舒传》)

"累"是"累积"的意思。例如：

(8) 一丝而累，以至于寸，累寸不已，遂成丈匹。(《后汉书·列女传·乐羊子妻》)

(9) 吕不韦，阳翟大贾人也，往来贩贱卖贵，家累千金。(《史

记·吕不韦列传》)

(10) 积德累行,不知其善,有时而用。(枚乘《上书谏吴王》)

"会"是"会集"、"聚会"的意思。例如:

(11) 三老、官属、豪长者,里父老皆会。(《史记·滑稽列传》)

(12) 迁客骚人,多会于此。(范仲淹《岳阳楼记》)

"合"是"联合"、"集合"的意思。例如:

(13) 合从缔交,相与为一。(贾谊《过秦论上》)

(14) 刘琦合江夏战士亦不下万人。(《资治通鉴·汉献帝建安十三年》)

"收"是"收集"、"搜集"、"集中"的意思。例如:

(15) 将军起兵江东,刘豫州收众江南。(《资治通鉴·汉献帝建安十三年》)

(16) 收书既成,归来堂起书库大橱。(李清照《金石录后序》)

"敛"是"收集"、"征集"的意思。例如:

(17) 农夫春耕夏耘,秋敛冬藏。(《墨子·辨篇》)

(18) 敛赀财以送其行,哭声震动天地。(张溥《五人墓碑记》)

"纂"是"收集"、"编集"之意。例如:

(19) 尚贤使能则民知方,纂论公察则民不疑。(《荀子·君道》)——论:言论,议论。

(20) 记事者必提其要,纂言者必钩其玄。(韩愈《进学解》)——钩其玄:探索其中深奥的道理。

【辨析】

一、从语义侧重点来看,"积"、"累"两词较接近,侧重于表示"从少到多地逐渐积聚";"会"、"合"、"收"、"敛"、"纂"较接近,侧重于表示"分散的人或物的聚集"。"聚"、"集"两词的语义概括面较广,既可表示"由少到多的积累"(如成语"聚沙成塔"、"集腋成裘"),也可以表示"分散的人或物的集中"。不过就总的情况来看,"聚"、"集"在古代多表示"聚集"、"集中"的意思,表示"积聚"意义的用法较少。

"积"和"累"的语义侧重点也略有不同。两个词虽然都侧重于数量的由少到多,但"积"侧重于强调"积聚"的效果,"累"则侧重于强调积累的过程和时间的因素。

"会"、"合"、"收"、"敛"、"纂"的语义侧重点也稍有区别。"会"多表示自然的会合,不强调某种力量的作用;"合"、"收"、"敛"则强调聚集者的力量的因素;"纂"虽然也表示由于人的力量而集中,但并不强调人的力量的强制性。"聚"、"集"很相似,不过,"聚"比"集"的词义要稍重一些。

二、从使用范围来看,其间也有一些区别。

"敛"多用于"收集钱财","纂"多用于"言论"、"书籍",它们的使用范围都较窄。

"会"、"合"多用于"人员,人力(国家、军队)的聚集"。"会"多表示"会集"之意,多表现为不及物用法;"合"多表示"召集"、"集合"之意,多表现为及物用法。它们的使用范围也较窄。

"聚"、"集"、"收"使用的范围都比较大,其中"聚"、"集"使用的范围更大。

"积"、"累"相比,"积"的使用范围要大一些。

三、"聚"、"集"二词也有一些区别。在表示"人员、人力的聚集"这一方面,"聚"侧重于表示"召集"的意思,这一点同"收"很接近。例如:

(21) 聚室而谋曰:……(《列子·汤问》)

(22) 每岁终则聚于郡府,如古都试之法,有胜负,有赏罚。(苏轼《教战守策》)

"集"既可以表示"召集"的意思,也可以表示"会集"的意思。例:

(23) 督相史忠烈公知势不可为,集诸将而语之曰:……(全祖望《梅花岭记》)

(24) 天下云集响应,赢粮而景从。(贾谊《过秦论上》)

由于"集"既可表示"会集"之意,也可以表示"收集"、"召集"之意,所以"集"的使用范围比"聚"略大一些。

改 革 更 易 变 化

这组词都有"改变"、"改换"的意思,常可互文而用。例如:

(1) 而必随古不革,袭故不改,是文质不变,而稚车尚在也。(《盐铁论·遵道》)

(2) 故衣弊而革才,法弊而更制。(《盐铁论·诏圣》)——才:通"裁"。

(3) 故有改制之名,无变道之实。(《盐铁论·遵道》)

(4) 伯禽曰:"变其俗,革其礼,丧三年然后除之,故迟。"(《史记·鲁周公世家》)

(5) 凡法令更则利害易,利害易则民务变。(《韩非子·解老》)

(6) 故凡举事必循法以动,变法者因时而化。(《吕氏春秋·察今》)

【辨析】

一、从词义的侧重点和适用对象上看,这组词有较大区别。"改"、"革"都可用于改变不好的事物,但"改"侧重于自身的错误或过失,有"改正"的含义。例如:

(7) 人恒过,然后能改。(《孟子·告子下》)

(8) 君子以见善则迁,有过则改。(《周易·益》)

(9) 今姑贷汝,后不善自改,且复妄言,我当焚汝庐,戕汝家矣。(高启《书博鸡者事》)

"改"不用于自身时,意义基本上仍侧重在"改正"。例如:

(10) 择其善者而从之,其不善者而改之。(《论语·述而》)

(11) 不抚壮而弃秽兮,何不改乎此度?(屈原《离骚》)

"革"侧重于弊政或陈规,有"改革"的含义。例如:

(12) 革,去故也;鼎,取新也。(《周易·杂卦》)

(13) 厉始革典,十四王矣。(《国语·周语下》)——厉:周厉王。

(14) 仲文始革孙许之风。(沈括《谢灵运传记》)

"更"、"易"、"变"、"化"都可以用于改变现存的事物,如时代、法制、礼节、风俗等。

"更"、"易"都有"改换"的含义,但"更"还有改换之后保持事物连续性的意思,即只是改变事物的性质而不是将它除掉。例如:

(15) 十七年,得玉杯,刻曰"人主延寿"。于是天子始更为元年,令天下大酺。(《史记·孝文本纪》)

(16) 贤者更礼。(《商君书·更法》)

(17) 更若役,复若赋,则何如?(柳宗元《捕蛇者说》)

"易"的本义是互相交换,故其"改换"义侧重在将一事物替换成另一事物。例如:

(18) 上古结绳而治,后世圣人易之以书契。(《周易·系辞下》)

(19) 其移风易俗,故先王导之以礼乐而民和睦。(《荀子·乐论》)

(20) 文书下行直省,多潜易之,增减要语,奉行者莫辨也。(方苞《狱中杂记》)

"变"、"化"侧重于事物的性质或形态的改变。"变"可用于改变外部事物,如例(3)、例(4)、例(6),也可用于人或事物自身的性质或状态发生变化。例如:

(21) 故孔子曰:"天下有道,盗其先变乎!"(《荀子·正论》)

(22) 王变乎色。(《孟子·梁惠王下》)

(23) (荔枝)一日而色变,二日而香变,三日而味变,四五日外,色香味尽去矣。(白居易《荔枝图序》)

"化"侧重于由某种事物或状态变成另一种事物或状态。例如:

(24) 北冥有鱼,其名为鲲,……化而为鸟,其名为鹏。(《庄子·逍遥游》)

（25）岂意青州六从事，化为乌有一先生。（苏轼《章质夫送酒六壶，书至而酒不达，戏作小诗问之》）——青州六从事：指六壶酒。

（26）秦之阿房，楚之章华，魏之铜雀，陈之临春、结绮，……荡为焦土，化为浮埃，是亦一蜃也。（林景熙《蜃说》）

"化"还可用于抽象事物。例如：

（27）腐朽复化为神奇。（《庄子·知北游》）

（28）既而得其尸于井，因而化怒为悲，抢呼欲绝。（《聊斋志异·促织》）

二、在词义范围上，"改"比其他几个词广，除多含有"改正"意义外，也有近似"易"、"变"、"化"的意义。例如：

（29）三年无改于父之道，可谓孝矣。（《礼记·坊记》）

（30）一箪食，一瓢饮，在陋巷，人不堪其忧，而（颜）回也不改其乐。（《论语·雍也》）

（31）节物风光不相待，桑田碧海须臾改。（卢照邻《长安古意》）

例（29）有"改换"义，例（30）有"改变"义，例（31）有"变化"义。

音 序 索 引

A

āi　哀 ································(59)
ài　爱 ································(53)

B

bá　拔 ································(121)
bǎ　把 ································(80)
bà　罢 ·······················(122)(151)
bài　拜 ·······················(101)(120)
bàng　谤 ································(77)
bǎo　保 ································(149)
bēi　悲 ································(59)
bèi　辈 ································(5)
　　背（倍、北）················(125)
bēn　奔 ································(84)
bēng　崩 ································(99)
bǐ　彼 ································(8)
bì　畀 ································(106)
　　闭 ································(156)
　　毕 ·························(39)(151)
　　毙 ································(99)

	禅 ……………………………………………	(158)
biàn	变 ……………………………………………	(166)
bié	别 ……………………………………………	(104)
bīng	兵 ……………………………………………	(10)
bǐng	秉 ……………………………………………	(80)
bìng	并 ……………………………………………	(39)
bō	播 ……………………………………………	(161)
bó	泊 ……………………………………………	(93)
bǔ	捕 ……………………………………………	(132)
	补 ……………………………………………	(158)
bù	布 ………………………………… (138)	(161)
	步 ……………………………………………	(84)

C

cān	餐(飡) …………………………………………	(70)
cáng	藏(臧) …………………………………………	(142)
cāo	操 ……………………………………………	(80)
cáo	曹 ……………………………………………	(5)
cè	测 ……………………………………………	(52)
chá	察 ……………………………………………	(63)
chái	侪 ……………………………………………	(5)
chān	觇 ……………………………………………	(63)
chán	谗 ……………………………………………	(77)
cháo	朝 ……………………………………………	(30)
chē	车 ……………………………………………	(18)
chén	晨 ……………………………………………	(30)
	陈 ……………………………………………	(138)

chéng	城	(20)
	成	(151)
	惩	(119)
	承	(114)
chī	喫	(70)
chí	持	(80)
chì	斥	(122)
chǒng	宠	(53)
chóu	仇	(13)
chú	除	(120)
chǔ	储	(142)
chù	黜(绌)	(122)
chuán	传	(161)
chuàng	怆	(59)
chuí	垂	(161)
cí	辞	(15)(104)
	词	(15)
cǐ	此	(7)
cì	赐	(116)
	刺	(134)

D

dā	答	(76)
	达	(91)
dǎi	逮	(132)
dàn	旦	(30)
	啖(啗、噉)	(70)

dào	悼	(59)
	到	(91)
	盗	(147)
děng	等	(5)
dí	敌	(13)(131)
dǐ	诋	(77)
	抵	(91)
	邸	(23)
dì	第(弟)	(23)
dū	都	(20)
dǔ	睹(覩)	(63)
dù	渡	(86)
duì	对	(76)
duó	度	(52)

E

ěr	尔	(2)
	而	(2)
èr	二	(42)

F

fā	发	(154)
fá	伐	(128)
	罚	(119)
fǎ	法	(136)
fán	凡	(39)
fàn	犯	(128)
fáng	房	(23)

fǎng	仿(做)	（136）
	访	（74）
fěi	诽	（77）
fēng	封	（116）
fèng	奉	（112）（114）
fū	夫	（8）
fǔ	抚	（149）
fù	复	（76）
	赋	（106）
	付	（106）
	赴	（87）

G

gǎi	改	（166）
gé	革	（166）
gēng	更	（166）
gōng	宫	（23）
	供(共)	（112）
	攻	（128）
gòng	贡	（112）
	共	（39）
gù	故	（34）
	顾	（63）
guān	关	（156）
	观	（63）
guǎn	馆	（23）
guó	国	（20）

H

hào	好	(53)
hé	何	(9)
	曷	(9)
	阖	(156)
	合	(163)
hōng	薨	(99)
hú	胡	(9)
huà	化	(166)
huái	怀	(49)
huān	欢	(55)
huǐ	毁	(77)
huì	会	(163)
hūn	昏	(33)

J

jī	赍	(109)
	积	(163)
jí	及	(91)
	缉	(132)
	集	(163)
jǐ	己	(3)
	给	(106)
jì	计	(47)
	冀	(51)
	济	(86)
jiā	加	(158)

拼音	字	页码
jiān	间	(36)
jiǎn	拣	(144)
	减	(160)
jiàn	见	(63)
	荐	(124)
jiàng	将	(126)
jiē	节	(160)
	皆	(39)
jié	诘	(74)
jiě	解	(45)
jìn	进	(112)(124)
	尽	(39)
jīng	京	(20)
jìng	竟	(151)
jiù	旧	(34)
	就	(151)
jū	居	(94)
jǔ	举	(124)
jù	拒(距)	(131)
	聚	(163)
	俱	(39)
	惧	(61)
jué	觉	(98)
	诀(决、決)	(104)

K

| kāi | 开 | (154) |

kàn	看	(63)
kǒng	恐	(61)
kòu	寇	(13)(128)
	叩	(74)
kuài	快	(55)
kuī	窥	(63)
kuì	馈(馈)	(109)

L

lài	赉	(116)
lǎn	览	(63)
lè	乐	(55)
lěi	累	(163)
lèi	类	(5)
lí	离	(104)
lǐ	里	(36)
lián	怜	(53)
liǎn	敛	(163)
liǎng	两	(42)
liào	料	(52)
liè	列	(138)
líng	聆	(68)
lǐng	领	(126)
liú	留	(93)
	流	(161)
lú	庐	(23)
lǔ	虏	(13)

lù	赂	(109)
	戮	(134)
lǜ	虑	(47)
luó	罗	(138)

M

mèi	寐	(96)
mì	觅	(145)
mián	眠	(96)
miǎn	免	(122)
mó	摹	(136)
mò	没	(99)
móu	谋	(47)
mù	暮	(33)

N

nà	纳(内)	(112) (114)
nǎi	乃	(2)
nèi	内	(36)
nǐ	拟	(136)
	睨	(63)
nián	年	(28)
niǎn	辇	(18)
niàn	念	(49)

P

pàn	盼	(63)
	叛(畔)	(125)

pì	辟	(154)

Q

qī	戚	(59)
	悽	(59)
	栖	(94)
qǐ	启	(154)
qì	讫	(151)
qiān	迁	(121)
qián	前	(34)
qiāng	戕	(134)
qiè	窃	(147)
qīn	侵	(128)
qín	擒(禽)	(132)
qǐn	寝	(96)
qiú	求	(145)
qū	趋	(84)
qǔ	取	(144)
qù	去	(87)

R

rǎng	攘	(147)
rèn	刃	(134)
rú	如	(87)
rǔ	女(汝)	(2)
ruò	若	(2)

S

sāng	丧	(99)

shā	杀	(134)
shāng	伤	(59)
shǎng	赏	(116)
shāo	稍	(38)
shǎo	少	(38)(160)
shè	舍	(23)
	涉	(86)
	设	(138)
shēng	声	(17)
	升(陞)	(121)
shěng	省	(160)
shī	施	(138)
shí	食	(70)
	识	(45)
shì	是	(7)
	士	(10)
	室	(23)
	视	(63)
	弑	(134)
	适	(87)
shōu	收	(163)
shòu	授	(106)(120)
	受	(114)
shú	孰	(4)
shǔ	曙	(30)
	属	(5)

shù	述	(72)
	树	(141)
shuài	率(帅)	(126)
shuí	谁	(4)
shuì	睡	(96)
shuō	说	(72)
sī	斯	(7)
	思	(49) (51)
sǐ	死	(99)
sōu	搜(廋、蒐)	(145)
sù	夙	(30)
	诉	(72)
	宿	(94)
suì	岁	(28)
sǔn	损	(160)
suǒ	索	(145)

T

tàn	探	(145)
tǎo	讨	(128)
tí	提	(83)
tiào	眺	(63)
tīng	听	(68)
tíng	停	(93)
tōng	通	(45)
tóng	同	(39)
tǒng	统	(126)

tòng	痛	（59）
tōu	偷	（147）
tóu	投	（83）
tú	徒	（5）
	图	（47）
tuī	推	（124）

W

wǎn	晚	（33）
wǎng	往	（34）
wàng	望	（63）
wēi	微	（38）
wèi	谓	（72）
	畏	（61）
	遗	（109）
wén	闻	（68）
wèn	问	（74）
wǒ	我	（1）
wò	握	（80）
	卧	（96）
wū	诬	（77）
	屋	（23）
wú	吾	（1）
wù	悟	（45）
	寤（悟）	（98）

X

xī	奚	（9）

	夕	(33)
	昔	(34)
	希	(51)
	悉	(39)
xí	袭	(128)
xǐ	喜	(53)(55)
xián	咸	(39)
xiàn	献	(112)
xiāng	相	(63)
xiǎng	响	(17)
	想	(49)(51)
xiàng	向	(34)
xiǎo	晓	(30)
xiào	效(傚)	(136)
xiè	谢	(104)
xíng	行	(84)
xǐng	醒	(98)
xìng	幸	(53)
xù	蓄(畜)	(142)
	畜	(149)
xuān	轩	(18)
	宣	(161)
xuǎn	选	(144)
xuē	削	(160)
xué	学	(136)
xún	询	(74)

xùn	寻	(145)
	讯	(74)

Y

yān	淹	(93)
yán	言	(15)
yǎn	掩	(156)
yáng	扬	(161)
yǎng	养	(149)
yè	谒	(101)
yí	贻	(109)
yǐ	以	(126)
yì	邑	(20)
	意	(52)
	艺	(141)
	益	(158)
	易	(166)
yīn	音	(17)
yǐn	引	(126)
yìng	应	(76)
yú	余	(1)
	予	(1)
	舆	(18)
	虞	(52)
yǔ	予	(106)
	与	(106)
	语	(15)

yù	谕(喻)	(45)
	欲	(51)
	寓	(94)
	御	(131)
	育	(149)
yuán	援	(80)
yuàn	愿	(51)
yuē	曰	(72)
yuè	悦(说)	(55)
yún	云	(72)
yùn	韵	(17)

Z

zǎi	载	(28)
zài	再	(42)
zǎo	早	(30)
zé	则	(136)
	择	(144)
zēng	增(曾)	(158)
zèng	赠	(109)
zhái	宅	(23)
zhān	瞻	(63)
zhǎn	斩	(134)
zhāo	朝	(30) (101)
	召	(101)
zhēng	征	(128)
zhī	知	(45)

zhí	之	…………………………………… （87）
	执	………………………… （80）（132）
	植	………………………………… （141）
zhǐ	止	…………………………………… （93）
zhì	掷	…………………………………… （83）
	至	…………………………………… （91）
	质	…………………………………… （74）
	滞	…………………………………… （93）
	治	………………………………… （119）
	陟	………………………………… （121）
	置	………………………………… （138）
zhōng	中	…………………………………… （36）
	终	………………………… （99）（151）
zhòng	重	………………………………… （158）
	种	………………………………… （141）
zhū	诛	……………………… （128）（134）
zhù	住	…………………………………… （94）
	贮	………………………………… （142）
zhuō	捉	………………………… （80）（132）
zhuó	擢	………………………………… （121）
zī	咨（諮）	…………………………………… （74）
	兹	……………………………………… （7）
zì	自	……………………………………… （3）
zǒu	走	…………………………………… （84）
zú	卒	…………………………………… （99）
zuǎn	纂	………………………………… （163）